乡愁城市
薛 冰 主编

闲雅成都

朱晓剑 著

东南大学出版社
·南京·

图书在版编目(CIP)数据

闲雅成都 / 朱晓剑著. —南京:东南大学出版社,
2017.7
 (乡愁城市 / 薛冰主编)
 ISBN 978-7-5641-7234-3

Ⅰ.①闲… Ⅱ.①朱… Ⅲ.①城市文化—文化史—成都—通俗读物 Ⅳ.①K297.11-49

中国版本图书馆 CIP 数据核字(2017)第 131854 号

闲雅成都

著　　者：朱晓剑
责任编辑：许　进
出 版 人：江建中
出版发行：东南大学出版社
社　　址：南京市四牌楼2号　邮编:210096
经　　销：全国各地新华书店
印　　刷：南京玉河印刷厂
版　　次：2017年7月第1版
印　　次：2017年7月第1次印刷
开　　本：700mm×1000mm　1/16
印　　张：9.75
字　　数：152千字
书　　号：ISBN 978-7-5641-7234-3
定　　价：46.00元

本社图书若有印装质量问题,请直接与营销部联系。
电话:025-83791830

目　录

自序　|1

一　城建篇　|5
　金沙古国的迷踪　|5
　武担山小史　|9
　成都创城史　|12
　张仪筑成都　|15
　沧桑南市　|19
　锦官城与车官城　|24
　成都名楼记　|27
　扩筑罗城　|31
　芙蓉城内外　|35
　从蜀王府到皇城　|38
　满城与少城　|42
　成都的边界　|46

二　交通篇　|50
　两江铸造成都文明　|50
　两江之上的古桥遗韵　|53
　文翁治水兴蜀　|57
　南方丝绸之路　|60

成都商道 |63
摩诃池记事 |67
浣花溪的世界 |70
消失的解玉溪 |73
水道的演变 |76
两河上的渔光曲 |79

三 **街巷篇** |83
华西坝上 |83
宽窄生活 |86
春熙路琐记 |89
人民南路史 |94
街区：商业与生活 |97
公共空间新型思考 |100
建筑的野蛮生长 |104
北改与城市功能的变迁 |107
城市美学的重构 |110

四 **文化篇** |114
两江文化的勃兴 |114
漆艺和茶文化 |117
蜀笺的时代 |121
扬一益二的来源 |125
翰林图画院与成都画派 |128
游乐的良辰美景 |131
流连灯会 |134
川味问世 |139
园林和人文景观 |142
文化生长 |146

参考书目 |149

自序

"九天开出一成都,万户千门入画图。"成都高速发展的这几年,高楼大厦越来越多,道路越来越宽广,可是看到的旧街巷、老茶馆一一在消失。曾经迷恋的慢生活在逐渐远去。这时候,真不知是该感叹遇到了一个好时代,还是一个坏时代。

有不少周末时间,我到送仙桥喝茶,与一群文化老人相聚,茶里乾坤,叙说晚清或民国旧事,人非物亦不是。当再次回看昔日的旧影,留恋,却不可追。当宽窄巷子人来人往,人民公园里传出喧闹的声音……有时难免会疑惑:这里是成都?

是的,这里是成都。只是越过时尚与传统,我们再来回望,万里桥头,诗人的咏叹早已成为过去式,杜甫说:"西山白雪三城戍,南浦清江万里桥。"刘禹锡说:"凭寄狂夫书一纸,家住成都万里桥。"薛涛说:"万里桥头独越吟,知凭文字写愁心。"陆游亦有诗句:"万里桥边白版扉,三年高卧谢尘鞿。半窗竹影棋僧去,满棹苹风钓伴归。"穿越历史时空,诗歌在这里交汇,生活在此一一展开,构筑成成都的一种意象,那是一种慢时光。

有时,走在老街巷,看着歪斜的墙体上书写着"拆"字,不免有点迷茫。但看历史风云,城市的拆建似乎从未间断过,不管是战火还是城市规划,让成都变得日益妖娆,或是荒凉,都曾是这座城市发生过的旧事。

若考察成都的建城史,其地理变化在最初是以两江为核心构建城市,随着人口的迁移,城市在变大,城市也逐渐有了规划。故有竹枝词说:"本是芙蓉城一座,蓉城以内请分明。满城又共皇城在,三座城成一座城。"正是成都城市龙脉特色的写照。汉代经济的繁荣,手工业的发达,让成都成为举世闻名的城市。虽然在后来的历史上,多数时候,它并不是作为一个国家的首都存在,却因经济、文化的繁荣,使不少诗人在成都流连,不舍离去。为什么会这样?通俗的解释是,成都的生活安逸且有保障,容易让人乐不思归,"少不入川,老不出蜀"就是最佳的证明。

唐时成都,进入罗城时代,成都的城市基本上定型,虽在五代时的两蜀时期有所变化,但成都的生活气氛更加浓厚。从薛涛、杜甫、花蕊夫人等人的诗句中,可以看出一个繁花似锦的都市,让人迷醉不已。宋代时的陆游写成都的诗歌颇多,在他的笔下,成都的市井风物亦多有记载:"尚想锦官城,花时乐事稠。金鞭过南市,红烛宴西楼。千林夸盛丽,一枝赏纤柔。狂吟恨未工,烂醉死即休。"(《海棠》)又:"安得连车载郫酿,金鞭重作浣花游?"(《到严十五晦朔郡酿不佳求于都下既不时至欲借书读之而寓公多秘不肯出无以度日殊悯悯也》)陆游曾对儿子陆子虞回忆说:"五为州别驾,西泝僰道,乐其风土,有终焉之志。……尝为子虞等言:蜀风俗厚,古今类多名人,苟居之,后世子孙宜有兴者。宿留殆十载,戊戌春正月,孝宗念其久外,趣召东下,然心固未尝一日忘蜀也。其形于歌诗,盖可考矣。"

说到享乐,那并不是今天才有的生活,在唐宋时期就多有记载,比如游宴、灯会、游江,那是每年的盛会,且地方官常常是与民同乐,这所体现的是庶民的城市生活,红杏尚书宋祁成都倡游宴所留下的佳话,绝不只是个案。这说明不管是官员还是老百姓,都过着平和自然的生活。宋祁有诗说:"此时全盛超西汉,还有渊云抒颂无。"

此时的成都文化达到一个高峰。诗歌、音乐、歌舞、戏剧、绘画已非常繁盛。戏剧又有"蜀戏冠天下"之称。成都大慈寺规模宏大,有九十六院,八千五百多间殿房,在殿房厅堂的墙壁上,从唐代后期到北宋前期,由当时本地或流寓蜀中的许多著名画师,绘下了上万幅以佛教题材为主的壁画,并有无数的雕塑,成为唐宋时期全国佛教绘画雕塑的艺术圣地,大慈寺的壁画被称颂为"天下第一"。

元代时的成都,却失去了这样的氛围。明代成都因生活秩序的恢复,城市建设也有所变化,以蜀王府为标志的建筑,象征着成都的一时繁华。但随着明末战争的来临,张献忠的屠川,成都再度陷入城破家不在的境地。考察这一时期,那也是成都文化最为凋敝的时代,皆因读书人也好,士绅也罢,都已经消失殆尽。这种元气的恢复直到"湖广填四川"才有所改观。但也正因这一次大移民,成都的城市性格逐渐得以留存下来。

学者王文才说,成都城垣市区之变,以隋展少城、唐筑罗城与明初改建为甚。这也说明,长期以来,成都城的城建规划相对统一,沿袭旧制与重新筑城成为城市变迁的核心考量。当然,这不只是从筑城的技术考量,也与当时当地的社会民情以及经济实力相关。

成都城市规划与建设,总是随着战乱而有所变化,历史越久远,记录越缺乏,如考察成都街巷的变迁史,也多半是追溯到晚清时期,但好在城市格局并没有太多的变化:两江滋润着一代代成都人的生活,这其中的悲欢离合穿越历史的时空,依然可感可知。

不管是作为旧时国都的都城,还是一省之首府,成都都是当之无愧的西南地区的经济、文化、社会中心。成都作为天府之国,当然是依赖于自然环境的良好,但这也与成都人的独特生存技能相关,比如交子的诞生、雕版印刷的流行、蜀笺的风华绝代,无不是在闲雅的环境中进行。

今天的成都尚保留着些许闲雅的影子,从其骨子里的状态看,还是有着深厚的文化基因。虽然晚清至民国一段历史,风起云涌,成都虽时不时走在时代的前列,却还是始终保持了独有的创造性。比如川菜定型、文化再造、茶馆文化等等都进一步得以确定和发展。成都是一个以庶民生活为主的城市,因之,常常以欠缺伟大的梦想著称。可我们也知道,在多数时候,成都并不羡慕京派海派文化,而是以自己的方式完成新陈代谢。

随着交通业的发达,长期依赖于水运的成都也逐渐在转型。这与今天的城市转型虽有相似之处,即城市的变大,交通拥堵、城市设施不足、雾霾加大等因素逐渐成为城市的病症,却还是有着些许细微的差异。那么,今天的成都所承载的不再是单纯的文化记忆或是民俗记忆,而是更深刻地影响到城市性格的因素:看得见的风景与看不见的风景同样构成了成都的闲雅,只是多数时候,我们难以停下来打量罢了。

快节奏,慢生活。在梳理成都的城市史时,或许我们更容易看到这个城市失去的固然有不少值得珍视的内容,然而,在今天所创造的,也更应该是我们珍视之处。在写作《闲雅成都》时,我频频在街头行走,以期获得街巷的存在感。很快会发现,随着城市化的推进,已有不少街巷消失,对照旧时的地图,更容易发现,传统与时尚,正是构成这座城市的流动盛宴。诗人说:岁月已作结,我们在路上。是的,不管怎样,闲雅会一直在路上,她以自己的姿态前行。有幸,我们跟她同走了一段路。

那就记下这些许的城市变迁,以及细微的幸福,这也包括成都这座城市的发展脉络。这也是我写作《闲雅成都》的初衷。

二〇一七年一月十二日

一　城建篇

金沙古国的迷踪

　　十二桥遗址是成都最早的都城吗？在以往的考古发现中，似乎可以这样确定。但随着金沙遗址的挖掘，忽然发现这个遗址要早于十二桥，也就是说，最早的成都城是在金沙。

　　金沙王都的存在时间是在公元前一二〇〇年至公元前六〇〇年。而这个都城，也不是川西平原最早的都城。这是因川西平原在都江堰未治理以前，常常遭遇水患，且不可救药地会摧毁城市（城市防护措施相应很低）。比如新津的宝墩古城就是这样被毁灭的。

　　后来，王朝即迁移到了金沙。《成都城市史》认为，成都应是蜀人逐渐放弃游牧活动，适应平原农耕生活的最后定居点。

　　金沙遗址，以前属于苏坡乡金沙村。更久远的历史有着怎样的故事，这虽语焉不详，但至少可以给我们留下一个金沙古国的印象。

　　这一切在二〇〇一年二月八日揭幕，民工在开挖蜀风花园大道工地时挖出了很多像象牙的东西和小玉片，这可能跟三星堆有关系。继续挖掘，于是就有了金沙遗址的出现。

　　后来复原的古蜀生活场景显示出：三千多年前四川盆地到处是茂密的森林，成群的动物生活其间，其中有一些凶猛的动物，例如老虎和大象。金沙人十分敬畏的对象是大象，因之捕获大象的日子也许就是一个节日，人们将象牙献给国王，当作祭祀品或者装饰品。

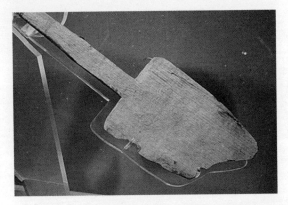

金沙古国出土的木耜

石器时代,金沙先民就开始了新生活。打猎已经不是这个原始民族主要的生存方式了,金沙先民懂得如何生产粮食,他们处于先进的农耕文明状态。

在金沙遗址出土了农耕用具耜。耜的起源很早,《易·系辞下》中有"斫木为耜,揉木为耒"的记载,它是一种翻土用的农具,适用于稻作农业。成都平原地区的稻作农业历史,经考古资料证明四千多年前即已存在。耜的长度约一点四二米,珍贵的原因是"木质器物,一般难以保存下来,在考古中极少发现"。耜的出土有力证明了金沙人的农业已经相对发达,安定的农耕生活使人们有很多的空余时间从事手工业劳动,大量的陶器出现了。

制陶业在此时已成为一个很重要的行业,很多金沙人从事这种行业,且有比较完善的分工合作。金沙人制作的陶器大都为夹砂褐陶和灰陶,制作工艺以手工制作和慢轮加工为主,器形以实用为主,纹饰较少,素面居多。金沙遗址范围内发现有多处窑址,均是小型馒头形窑,每个陶窑的面积约六平方米,由工作面、窑门、火膛、窑室组成。窑室多呈前低后高的斜坡状。烧制时火焰由火膛进入圆形窑,这对充分燃烧提高窑温是比较有利的。

这些陶器包括了各种炊器、食器、饮器、水器、酒器,还有大量的贮器。这些丰富的器形,充分反映了当时金沙人饮食的多样性。这些陶器中有很大一部分是酒具或酒器。而酿酒活动的前提是有多余的粮食,说明当时农产品的富余。

金沙王都的全貌让世人瞩目到古蜀的文明是怎样的发达。

在金沙王都的整体布局当中,不仅有居民生活区,还有祭祀区、墓葬区。倘若从建筑基址的分布看,则让我们看到一个高度发达的城市文明。

我们先来看看建筑,在今天的"三和花园"地方,发现一处大型房屋基址,占地面积逾一万平方米,气势宏伟,规模巨大,布局上具有极强的规律性,在西南地区尚属首次发现。根据房址的面积、布局结构和周边的出土文物综合分析,推测应该是商代晚期至西周早期(公元前一〇四六年—前七七一年)金沙遗址的宫殿建筑。

从考古留下的资料,或可看出当时的生活场景:在该区域共发现房址十七座、窑址十七座、灰坑三百余个、墓葬十三座等重要遗迹。该区域房屋的修建相当考究,墙体是挖基槽埋柱子的木骨泥墙式结构,基槽宽约半米,槽内小的木骨洞排列规整而密集,大柱洞间距约一点四米至一点五米。其中最大的一座单体建筑宽近八米,长度五十四点八米,至少有五个开间,面积在四百三十平方米以上。

很显然,金沙人在建筑上是有着精心的考量,才有如此的规模。如果没有相应的规划,大概呈现出来的是一个凌乱的城址。

如果说这里是王都的话,那么一般庶民生活区就简洁得多。一般居址区位于金沙村的兰苑、金沙国际、博雅庭韵等范围内,分布较广,面积达数十万平方米。

在这个居址内,有房址、灰坑、陶窑、墓葬等遗迹。房址基本上为西北—东南向,构筑方式均为木骨泥墙式建筑。这类房屋的面积不大,多在二十平方米左右。由于没有直径较大的木柱支撑,房屋容易垮塌,重建的次数较多。这也说明城市居民对城区生活的认同(抑或是对城外生活安全感的担忧)。

考古发掘时,工作人员只能看到沟内密集的木(竹)骨洞。在居址区房屋的周围发现了大量的灰坑,坑中出土了数以万计的陶器及大量石器。其中有些灰坑非常规则,成排分布,内置一些体型较大的陶器。有的坑中还埋藏有大量完整的陶器,有的坑中夹杂有大量的草木灰。这些陶窑均为小型的馒头窑。

这勾勒出的是金沙先民的生活场景。在这个王都里生活的人群虽然不是今天所说的天府之国的概念,但也是相当的繁华。

金沙王都是沿着两江修建的城区。这从城区分布也可看得出来。其最重要的"祭祀区",是古蜀时期一处专用的滨河祭祀场所,分布面积约一万五千平方米,年代约商代晚期至春秋早期(约公元前一二〇〇年—前六五〇年),它沿着郫江古道的南岸分布。

专家们推测,古蜀人很可能最初是在河岸上进行祭祀,祭祀仪式结束之后将祭品埋在河滩上,上面用土进行覆盖,下次祭祀仪式之后又将祭品掩埋。经过长约五百余年的祭祀活动,至春秋早期,河滩基本填平。祭祀区宏大的场面真实体现了古蜀王国雄厚的实力,繁多的祭品承载着先民们丰富的精神世界,精美的文物凝聚着古代工匠非凡的创造力。但是,随着政治中心的转移,这块金沙人心中的圣地也就逐渐荒芜。

如果此说成立,那么这条古河道的消失也是人为作用的结果。这似乎也可解释金沙王都为何会下移到十二桥的问题。简言之,金沙王都已不太适宜人类居住。

还有一个说明是,此时的墓葬区在今天看来,颇为奇怪。居址区附近已发现了一千余座墓葬,分布面积约三万平方米。

这些墓葬大多数是居址区废弃之后形成的,因此墓葬大多打破居址,就地墓葬。这样的墓葬结果自然是使城区变得狭小起来。

各墓区内都有一定的规划,排列有序。以"燕莎庭院"地点的墓地规模最大。墓葬均为西北—东南向,头向西北或东南,以东南方向为主。

墓葬的细节也值得关注,一般分为一次葬和二次葬,盛行二次葬。葬式大多为仰身直肢,也有少量俯身葬和屈肢葬,还有的死者双手抱于胸前。约半数的墓葬无随葬品,有随葬品的数量也不多,一般随葬的为陶器和石器,个别的也有一定数量的铜器和玉器。从发掘的墓葬情况看,随葬品规格、数量、等级等不算高,也还可看出当时的社会有明显的分层与等级划分。

然而,城市规划井然有序。祭祀区、王都、生活区、墓葬区,各有其应有的位置。此时,看不出手工作坊有详细的规划。但从考古挖掘看,也许是手工作坊就在居住区之内。而这也从侧面说明了金沙古国的面积并不是太大。

从此处,可见到成都平原古都的城市规划大致如此。需要说明的是,中国具有悠久的城市历史和丰富的建设经验,先秦时期就形成了一系列的城池选址原则,除"择中""相土""形胜"等城市选址思想外,水资源条件作为重要的自然因素,在原始村落选址乃至城池选址中也常常受到高度重视。金沙古国的城市建设、规划或与此多少有些相关。

金沙王都对外又有怎样的经济关系?虽然我们至今都不大清楚,但从其中挖掘出来的各种器物如金器、青铜器、陶器、玉器等等来看,固然手工水准达到极高的程度,但也还与周边地区,乃至于西亚、中亚等地保持着繁荣的商业贸易,如此才留下数量丰富的器物。

金沙古国在城市规划上虽然不像后来城市建设者那样有许多的生态思考,

基本上还是处于择地而居的场景,但也已初具规模,相当数量的人口聚集在一起,有王都在,也就决定了其成为川西平原的文化、政治、经济的中心。

此时,周边的居民或会像今天说"上成都"一样,称之为"上金沙"吧。商人在此处买下了相应的物品,再运回乡间贩卖,也就构成了川西平原的商业网络。

然而,这古道历经千百年,早已消失无踪。即便是村落也早已变迁得面目全非,唯有器物还在叙说那段历史了。

在金沙遗址,曾经发掘出一条古河床,位于金沙古城的心脏地带。地质学教授刘兴诗在古河床中发现了一根巨大乌木,躺卧在河床堆积物中。他认为,这个古河床是洪水冲破古城墙后,直插进来的,无异于一柄锋利的剑,一剑封喉地终结了繁盛一时的金沙古城的生命,也使古蜀文明突然中断。

金沙古国的迷踪,这只是一面,至少是给我们揭示了古蜀时期的成都是怎样的一座城市,而这也是古蜀文明的最佳体现。

武担山小史

若说成都市区有山有水,恐怕也让不少人产生疑惑:水有锦江,山嘛,哪里有?古时成都却有两山最为出名,一是学射山,一是武担山。

学射山即今天的凤凰山,其初名斛石山,唐代为演武之地,又可供人游乐。薛涛有诗《斛石山书事》:"王家山水画图中,意思都卢粉墨容。今日忽登虚境望,步摇冠翠一千峰。"宋代则为较射游乐之地,这才有学射山的名字,然亦有传说,蜀汉刘禅曾在此学习射箭。费著《岁华纪丽谱》说,成都人每年三月三日在此登山竞射。在较射时山上设彩棚射场,有乐女记射筹,复有管弦酒食以助余兴。因之,游乐的意义比演武更为重要。

刘备画像

明代时,此山被划为蜀王府墓葬区后,即成为禁地。习射、游山之风遂绝。

但武担山与学射山相比,那就大大地出名了。

扬雄《蜀本纪》云:"武都山精,化为女子,蜀王纳为妃,未几物故,王发卒之武都担土,葬于成都郭中,号曰武担。"常璩《华阳国志》说:"武都有一丈夫,化为女子,美而艳,盖山精也。蜀王纳为妃。不习水土,欲去。王必留之,乃为《东平之歌》以乐之。无几,物故。蜀王哀念之,乃遣五丁之武都担土为妃作冢,盖地数亩,高七丈,上有石镜,今武都北角武担是也。"

简言之,武担山是因为"武都担土"的典故而得名。因之,此山亦名武都山。

已故成都史学家冯水木说,传说开明王朝九世将都城从双流樊乡迁到成都,以武担山(今北较场)为全城中心。成都地形北高南低,以北为中心符合其走势,再加上北靠凤凰山、回龙山,西有青城山东有龙泉山拱卫,水朝东、南方向流。北门居高,自然成为成都最早的政治文化中心。然此处并没有进行过大面积考古,不能确定。但不管如何,此乃古时成都占有重要地位的区域之一无疑。

武担山上还有一石镜,因之又名"石镜山"。

这山即为王妃墓地,其上有古迹五丁塔,五丁塔建于墓葬之上,高约与十层楼房相齐。

武担山长期担任着成都中轴线的功能。罗开玉说:"秦筑成都大城,其城北的咸阳门、城南的江桥门,便与北郊的武担山山峰相垂直,形成三点一线。其后,汉代增筑十八城门,仍沿袭这一风水布局。到了隋城时代,大城的江桥门、北门与隋城的北门、武担山山峰形成四点一线。唐高骈扩筑罗城,将武担山包在城内,大城的南城门、北城门与武担山山峰仍为三点一线。但罗城的南门万里桥门有意稍往西南偏,北门太玄门有意往东北偏,以避免穿城风。"这说明,武担山在成都城市规划中占据重要的地位。

然而,武担山实则算不上一座山。这山只是高约二十米、宽四十米、长一百余米的小土丘,且土质与成都平原有所不同。武担山略呈长马鞍形,西高东低,凸起的两个土阜称为东台、西台。清时,东台有一塔,名芙蓉塔,六角七级,在当时登塔可俯瞰成都之郫、检二江及蓉城全景。其占地面积六百八十平方米。

因与周朝时的蜀王相关,也就是难得的古山。

秦汉时期,武担山成了当时成都的重要地名。《后汉书》李贤注谓:"武担山在今益州成都县北二十步"。南朝宋裴松之注《三国志》："武担,山名,在成都西北,盖以乾位在西北,故就之以即阼。"

蜀汉时,刘备在此建立都城,不知其意是否与此相关。《三国志·蜀书·先主传》记载："(刘备)即皇帝位于成都武担之南"。在今天的文殊院后面、西马道街有一古娘娘庙,传为刘备家庙。此处距离武担山距离并不远。

史料亦有记载,南北朝至唐宋,其上建有咒土寺。唐宋时两台上还建有暑雪轩。此时,皆为成都名胜。

因武担山是成都名山,自然不乏后人题咏。如唐人苏颋《武担山寺》："武担独苍然,坟山下玉泉。鳌灵时共尽,龙女事同迁。松柏衔哀处,幡花种福田。讵知留镜石,长与法轮圆。"

宋人孙应时《武担山感事》："客里愁如积,朝来意亦欣。鸣阶无宿雨,度隙有归云。且免泥盈尺,犹祈岁十分。中原念淮浙,不忍话传闻。"

陆游在他的《行武担西南村落有感》亦有感叹："最怜高冢临官道,细细烟莎遍烧痕"。又有诗《春残》："石镜山前送落晖,春残回首倍依依。时平壮士无功老,乡远征人有梦归。苜蓿苗侵官道合,芜菁花入麦畦稀。倦游自笑催颜甚,谁记飞鹰醉打围。"

宋人吴拭有诗《暑雪轩》："咒土台头寺,披襟笑语间。千年云抱石,六月雪弥山、酒熟篘尝外,茶新辗试间。要须时点笔,来此赋跻攀。"诗人周焘和了一首："崇台穷石照,气味乐偷闲。南陆朱明驭,西阑白雪山。茶瓯回舌本,尘尾落谈间。欲缀风烟句,弥高不可攀。"参加唱和的还有孙竢、王沣等人,可见此时的暑雪轩是成都人不可不逛的名胜。

这也是不同时期的文人雅士对武担山的题咏。

查《成都文类》,题咏武担山的人颇多。比如名列"初唐四杰"的大诗人王勃作《晚秋游武担山寺序》,极写武担山之秀丽景象,传为佳作;唐朝的一代诗圣杜甫在游览武担山时也曾以"石镜"为题咏诗有"独有伤心石,埋轮月宇间"之句,睹物生情溢于言表。晚唐才女薛涛在西川节度使段文昌邀她共游武担山寺时表示婉拒,并叹命运的凄苦,亦吟诗曰"侬心犹道青春在,羞看飞蓬石镜中"。此外,宋朝的欧阳修、陆游,清朝的赵熙等文学家都曾对武担山及其典故进行题咏。

关于石镜,《四川通志》载："今武担山上有石,径五尺,厚五寸,莹澈可鉴,号曰石镜。"杜甫将其比喻成月轮,薛涛形容为妆镜。然而这只是石块半埋土中,外露部分,形圆光洁,所以才会被误以为是石镜。相传,此一石镜在原西台暑雪轩中,清以后在暑雪轩址上建一塔一亭。

有史料记载,明代成都,以武担山—明蜀王府(今天府广场)—红照壁为中心线,所以这一带也被称为"小北京"。

民国时,武担山又有新变化。这多跟抗战相关。

一九三五年中央军校成都分校在北较场建校,附近数街,皆以校本部及兄弟军分校所在地先后改名,武担山在其校园内。《成都城坊古迹考》说:"抗战时,军官学校改武担山街为洛阳路,新建瞭望塔于山顶。石镜为其所埋,不能复见。"

著名历史学家黄仁宇当时亦在军校就读,虽无资料查证他是否登足武担山,但却也不妨猜想一下,他闲暇时也会到武担山怀古幽思的吧。

一九四九年十二月成都解放前夕,蒋介石从北较场撤离到凤凰山机场,飞往台湾,由此开始了两岸分离的局面。

这以后武担山依然保存于成都军区大院内,可是在"文化大革命"期间,这一古迹名胜遭到毁坏,山上乱石成堆,树木凋残,山下杂草丛生,而取土筑房也使其面积缩小,名胜古迹已是徒有虚名。后经过成都军区第一招待所大力修缮,保护甚好,如今武担山上各处均有碑记,林木茂盛,黄葛、雪松参天,春夏杜鹃花万紫千红,秋冬有菊花蜡梅盛开。

不过,如今的武担山并不对外开放,其故事流传的版本也就多样,但有不少是因其神秘才引起的种种猜想吧。

成都创城史

罗马不是一天建成的。成都城的建造也是有一个过程的。

考察成都城市的发展史,我们不难发现,沿着古府河与古南河的两江修建城市的想法,很显然是综合了成都先民对居住环境的要求与思考。

成都平原在古蜀时代,河道是众多的,除了古油子河与古清水河之外,还有许多散布在成都平原的支流,一旦发生洪水,成都平原是一片汪洋,因此治理水患始终是一大问题。从古蜀时期几代帝王的治水故事中,我们依稀可看到当时的成都平原的地理演变状况。

我们知道的是,成都城在城市构建方面,虽没有中原城市那般的规模大,但是根据地理和水利条件,构筑成独特的都市聚落。其城区分布也较为合理——城区的中心地带是上层统治者所居之地。围绕着它的周围,则分布有墓葬区、居住区、手工作坊区、商业区等等,尽管在这一时期它在成都平原上并不是蜀王所居住的城区,但是它的地位却随着人们对生存环境的认知,逐渐达成了居住成都城共识。

此前,蜀之国都,迁徙无常。

《华阳国志·蜀志》说:望帝杜宇"自以为功德高诸王,乃以褒斜为前门,熊耳、灵关为后户,玉垒、峨眉为城郭,江、潜、绵、洛为池泽,以汶山为畜牧,南中为园苑。"

望帝之后为鳖灵,《蜀王本纪》说:"时玉山出水,若尧之洪水,望帝不能治,使鳖灵决玉山,民得安处。"玉山,即今天所说的都江堰的玉垒山。鳖灵就是开明帝。通过这一治理,改变了成都平原的地理环境。不过,这一时期的成都平原水患依然。如何改变这种状况,也是个费思考的问题,头疼医头,脚疼医脚,固然是一种办法,但却难以长治久安。

根据成都有关史料记录,成都的水患是迭加型的,一年比一年严重,且最严重的是洪涝,那是因排水不畅所形成的涝灾。成都平原的地面走向是西北方高,东南方低。在平原的东面和南面,被一条门槛似的龙泉山脉包围着,平原上的大小河流由这条门槛所阻隔,只能从东北、西南两个出口流出。那么,如何才能排除洪涝,唯有因势利导,而不是阻隔水的去路。这就使成都的城市建设日趋合理化,因地制宜的建造城市才有助于成都的未来发展。

在古蜀时期,是没有今天的水利工程建设规划的。因此每到雨季,依然继续出现水患。如宝墩遗址后来的挖掘现场显示,正是洪水使这座城市覆灭。因此,直到开明王朝迁居成都之后,才有可能解决了成都平原的治水难题。但这也只是局部地解决问题,直到李冰镇蜀之后,修建了都江堰,才开启了成都城市的新纪元。

成都城早已有人居住,在水患发生的时期,毫无疑问的是,综合评比古蜀国的好几个城市聚落时,成都以极具优势的地位赢得了开明帝的青睐,这才有了迁都成都的可能性。开明王朝迁居成都之后,就仿照中原礼法制礼作乐,建立了宗朝。

开明王朝在成都城的建设可以从现在挖掘出的古蜀遗址来判断。简言之,此时的城市布局是以郫江古道展开,郫江是成都天然的防卫屏障。

在开明九世迁来成都后,是在旧城的西、北部兴建新区,当新城区建成以后,于是废掉了西边的旧城区,同时也保留了南边城区。在郫江东岸曾一度分布着墓葬区、窑区,后来这些统统迁走,改建为大型作坊区。这也是成都的城区变化标志。然而,正是由于这一规划,郫江得以更大地发挥功效,也使成都有了繁荣的可能性。

《管子·度地》说:"故圣人之处国者,必于不倾之地,而择地形之肥饶者,乡山,左右经水若泽,内为落渠之写,因大川而注焉。"这里提出,城池应该居于水源丰沛,既便于取水又利于水流外排的引蓄得宜的地方。成都城的建设很显然是中国城市建设的早期实践者。

当城市变得越来越大时,自然地理条件不能满足需求时,就会加以改变。当新城区修建以后,开明九世或开渠引水,或改变了郫江河道,以此来适应新城区的城市用水、交通和防卫等功能的需要。这水利工程的建设,可以说是鳖灵治水的延续。

从蜀国成都的遗址挖掘出的陶器、瓦当等资料来看,成都城的手工技术、商业活动也是有一定高度的。在晚一些时期的秦时"少城"中,依稀可见到战国"少城"的旧影,此"少城"呈较规整的长方形。这种为了追求城形,甚至离河边稍远或另辟河道引水的做法,是吸收了外地文化的结果。学者罗开玉认为,这是向中原或楚文化学习的结果。

在开明氏的蜀国,蜀人与羌人是杂居的,依靠郫江而生活:"蜀人住江南,羌人住城北。始立木栅,周三十里。"这就是成都城在金沙古国的基础上进一步演化。此前城区规划中的得失利弊,在这时就成了一种有效的城建经验。比如如何处理水患、城区消防等等问题都需做进一步的考量,有价值的城建模式得以流传下来,而妨碍城区发展的做法则完全被摒弃,如此就打造出了一个全新的都城。

这一时期的古蜀建筑风格,多是以干栏等竹木结构的建筑,它形似吊脚楼。粗大的木柱,被简陋地榫卯成架构,再用竹篾绑扎加固,底层为密集的木桩,上面垫起楼房的底板,墙壁是篾骨泥坊构成,顶上再加上茅草或树皮之类的屋顶,人居住在楼上。这样的建筑是从当时的实际出发,也说明此时的成都水患依然存在,且易遭到洪水和野兽的袭击。

学者朱大可认为,城市现代化运动中,强大的、高度集中的、无可置疑的行政威权,成为至关重要的因素。它省略了公民投票、专家评审、议院批准程序、民事诉讼和艰难募集资金的过程,以低廉的征地、材料和时间成本,粗暴地制造出城市变脸的奇迹。官员是诡异的魔法师,而权力则是"点石成金"的魔杖。

在早期的成都城的建设中,是否如今天的城市现代化运动?虽没有更多的史料给予更进一步的证实,但不妨加以想象,古人所居住的环境,千百年一直所强调的宜居是有其道理的。成都城之所以能够在成都平原上脱颖而出,简言之,就在于"宜居"二字。

此外,我们需要注意的是,成都的城市功能分区已很明显,这也是早期中国城市的最大特点之一。此时的成都是"当时古蜀国政治宗教文化的中心,城市具有政治宗教军事等多项功能,应是区域多功能的综合体城市"。

成都城的历史始于金沙古国之时,到了十二桥时期就更臻于完善,成都城就更像我们通常看到的古代城市的样貌了。

在此后的岁月中,成都城以此优势成为西南地区的经济、文化中心。此后,成都的城市格局从今天市区的西北,向东南逐渐移动和逐渐扩展,到了唐代末期才发展到了两江交汇处。总的来说,成都的发展轨迹即金沙村遗址—蜀开明王城—秦汉的大、少城—唐末以后的罗城—现代的成都城。而成都城由此也开启了新的一页。

张仪筑成都

贪婪导致了古蜀国的亡国。对古蜀国而言,这是最为遗憾的悲剧。但从成都的历史长远发展看,这却是成都历史上的一次文化、经济的融合。开明十二世贪恋权力与美色,导致了古蜀国的消失。公元前三一六年,蜀国在秦岭南部开辟通道,驰行车马。之后,秦惠王派张仪、司马错等伐蜀,灭开明氏。《本蜀论》记载惠文王用计灭古蜀:"秦惠王欲伐蜀而不知道,作五石牛,以金置尾下,

闲雅成都

秦大、少城城市图

言能屎金,蜀王负力,令五丁引之,成(蜀)道。秦使张仪、司马错寻路灭蜀,因曰石牛道。"

秦国为巩固其统治,于取蜀的第二年,即公元前三一四年移秦民万家以实之。不久之后,秦人又先后筑成都、郫、临邛三城,互为犄角。这一时期的城市发展,更多的是从战略功能上考虑,而非从城市生态着想。

公元前三一一年,张仪、张若筑成都城。以大城为蜀侯、蜀相、蜀守治所。其后逐步消除徒拥虚名之先后三蜀侯,其领地遂成秦之一郡,大城也就顺理成章地变为郡守之治所。

《华阳国志·蜀志》说:"秦惠王二十七年,仪与若城成都,周回十二里,高七丈。郫城,周回七里,高六丈。临邛城,周回六里,高五丈。造作下仓,上皆有屋,而置观楼射栏。"清人周询《芙蓉话旧录·卷一》也说:"秦惠王二十七年,遣张仪、司马错灭蜀,灭开明氏,筑成都城,是为成都有城之始。"

张仪所筑的成都城分东西两部,先筑大城于东,继筑少城在西(相隔二十六年)。《成都通史》认为筑少城是张若,因大城已不满足于城市居住条件才修筑少城。不过,这以后也成为成都至清代的城市发展规制:大城与少城,是截然不同的区域,大城为蜀郡的郡守管辖范围,而少城则属于成都县的管理权。大城也被称为"张仪城"。

民间传说在建成都城时,屡建不就。恰如段全纬《城隍庙记》所言:"蜀地土惟涂泥,古难版筑。"张仪对此似乎也没有更好的办法。《搜神记》卷十三记述:"秦惠王二十七年,使张仪筑成都城,屡颓。忽有大龟浮于江,至东子城东南隅而毙。仪以问巫。巫曰:'依龟筑之。'便就,故名龟化城。"与此类似的故事也见于《华阳国志》。成都由此又被称作"龟城"。

大城的大致范围,南边的城门"江桥门"在现在的红照壁到锦江宾馆的区域,最北处大约在现如今的羊市街,西到东城根街,东到太升南路。大城北近武担,南至秦人新建的赤里。武担山在明清时的城内,赤里在今天的上南大街。这也是大城南北显著的标志。

这里不能不说成都城的城墙,其时为泥土夯制而成,这样的城墙"上皆有屋",即在城墙上普遍盖瓦防雨。学者任乃强认为,张仪是用土筑城,其初可能就近取用沙土,曾经失败,乃远从十里外的万岁池取来黄黏土改筑,版筑得相当坚实。至于六道城门,则是用石砌的。下放埋石基,左右选方石作门,上盖楼。有栏楯,称为"观楼射栏"。直到唐末,南诏进攻成都时,成都人民还凭借少城对抗。再到宋代,范成大说:"少城,张仪所筑子城也。土甚坚,横木皆朽,有穿眼,土相著,不解散。"不过,由于历史险情的数次发生,为了防御南诏威胁和吐蕃侵扰,西川节度使高骈才主持修建了更为坚固的砖砌城墙——罗城。

二〇一六年四月,成都出土南宋官制城墙砖,此砖为南宋嘉定十年(公元一二一七年)由郫县、新繁等地所制,其长约三十六厘米、宽二十厘米、厚五厘米。这不只是南宋修筑城墙的物证,也从侧面证明了成都城墙的演变史是随着时代、环境变化,逐步进行技术革新的,这才有了城墙功能的加强。

大城修建之后,有六座城门,今天唯一可考证的只有北门咸阳门。其他几个城门亦各有名称:南曰江桥门,西面与少城间城墙开有两座城门,北门曰宣明门,南门曰阳城门。此外,在东城墙也还设有两座城门,但具体名称就没人说清楚了。

这个宣明门,又被称为张仪楼。其位置大约在今天的汪家拐与文庙后街之间。从现有的史料看,至蜀汉时期,张仪楼还有遗迹留存,但似已大不如前的壮观了。

赤里一带颇有故事。有考证说,在大城未修筑之前,蜀侯国治及县治,当同在赤里一带或其附近之里内。所以衙署也就暂时设在这里。又,秦城东有千秋池,城北有龙堤池,城西有柳池,西北有天井池。"其间津流径通,冬夏不竭",这些地方之所以形成池塘,是因筑城取土时掘成的。其后,它们又成为秦城东、西、北三面天然屏障。从当时的城市分布来看,这里应为大城北垣与武担山之间的一据点。

这些池塘当中,使用最久的还是龙堤池,其位置约在今青龙街北侧一带,后世扬雄所住的地方——洗墨池就是这个位置,其附近在唐代尚有龙女祠,想来也跟这龙堤池的存在有关。其他的池塘,在历史流变的过程中,或因淤填或因天气缘故,已渐渐消失,至于遗址在何处,早已是不可考的史实。

大城作为军事政治的中心,其所居住多为蜀郡官员,因之其气象是森严的。《成都城坊古迹考》说,官署当在大城中心地段,以当年大城周围十二里计算,其旧址当在四川科技馆的东侧。而成都县署则在少城。

成都的商业经济经过多年累积,原本就很发达,由蜀国改为蜀郡,虽让成都经济受到些许影响,但还是很快恢复了正常商业活动。李劼人在《成都历史沿革》里说:"蜀守李冰是中国历史上有名的治水专家。他在四川的功绩人人皆知。治理灌县(都江堰),成都城外的两条河也是他疏治的。于是,四川西部平原的积水才有固定的排泄河床,并形成了沟渠网。成都城外两条河因地形关系都是由南北流向东南,到今九眼桥地方才合二为一。从这时起,交通更为方便。秦朝时代最为考究的能走四匹马并排拉车的'驰道',已纵横于川西地方。从而手工业也发达起来了。"

随后,张若又修筑少城,为成都经济重心。在政治方面,置有令、丞,在经济方面,设有盐、铁、市等官(机关)之长、丞。从秦国迁移来的人多居住在这里。此次移民从秦入巴蜀,终止于西汉末年,长达三百多年。公元前二二九年,秦军破赵,赵国人大量被移民到成都。著名的冶炼家卓氏就是其中之一。无疑,这种移民给成都带来了手工业的兴旺。

少城在大城之西,以大城的西城墙为东垣,于是东西二城倚背的形势出现。

少城的南门为市桥门。学者任乃强《成都城址变迁考》说:"当时蜀人骤受外来统治,民族相猜,故龟城不容土民(地方民族人民)入居。土民商业交易,规定在城西南郊的市桥以南。秦人与土民市易者,以居近市桥为便,所以宣化、阳城二门外秦人商民住宅渐多形成市街。"这样说也有其应有的道理。

当少城修好之后,县治就迁入到少城里。少城规划是借鉴咸阳的城市规划理念。咸阳横跨渭河两岸,其宫城为夯土墙基,呈不规则长方形,墓葬区、居住区分布井然,且手工作坊也有相对的工作区域,而这样的城市布局则深刻地影响着全国城市的规划。

在少城初筑时,传说取土城北十里的万顷池,"其版筑之艰难与大城同"。不过城的大小没有详细的记载。普遍认为这少城应该比大城小。之所以有这样的结论,是因此城东西狭而南北长,为依附于大城的形状。

不过,在成都的历史上,被称之为少城的地方很有不少,如秦时少城、唐时少城、清时少城,其规模大小、形状也并不是完全等同。这些少城,倘若没有时间限制,统一称为少城,是不恰当的说法。在作家诗人作品中虽有多次提到少城、子城,但有时所指范围大小会有显著的差异(历史上的城市范围大小各不相同),也就使"少城"成为了一笔糊涂账。

沧桑南市

秦时的成都,较古蜀时期有了极大的改进。学者罗开玉认为,秦汉以后,南方城邑逐步北方化,其根本原因在于北方政治、文化在南方,特别是在南方城市逐步取得了统治地位。它也是我国城市日趋标准化、一体化的重要步骤。在这个潮流中,成都又一马当先。

这时的少城为成都县治所在地。根据秦时的城市规划,这里"营广府舍。置盐、铁、市官并长丞,修整里阓,市张列肆,与咸阳同制",这说明少城的各种设置是根据咸阳复制过来的,既有专门的盐、铁、市官,也有专门的市场区域。也就是说这里既是行政区也是居住区,同时还兼有手工作坊区和商业贸易区。

在战国时期,秦国的都城就设有专门的市场,随着战争的胜利,秦国的各种先进城市管理制度也相继在全国大城市中逐一展开,这也就包括了蜀郡成都。

左思在《蜀都赋》里说:"亚以少城,接乎其西。市廛所会,万商之渊。列隧百重,罗肆巨千。贿货山积,纤丽星繁。都人士女,袨服靓妆。贾贸墆鬻,舛错纵横。异物崛诡,奇于八方。布有橦华,邛有桄榔。邛杖传节于大夏之邑,蒟酱流味于番禺之乡。舆辇杂遝,冠带

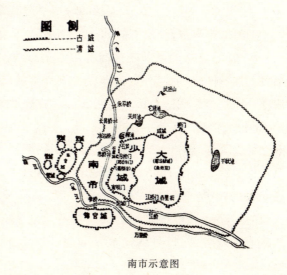

南市示意图

混幷。累毂叠迹,叛衍相倾。喧哗鼎沸,则唬聒宇宙;嚣尘张天,则埃壒曜灵。阛阓之里,伎巧之家。百室离房,机杼相和。贝锦斐成,濯色江波。黄润比筒,籯金所过。"可见此时的成都已是一片繁华的所在。

少城里所生活的人民群众,还包括从秦国移民过来的人家,当然这也包括其他国家的移民,比如邛崃的卓王孙就是从赵国迁移过来的,"百工技艺,多在其中",与蜀民同处,既可同化蜀民,又有监视作用。平时少城为商业区,战时可起屏障大城的作用。这也从客观上促进了成都商业的发展。

初筑少城远在北十里取土而留下万顷大池,后又称"万岁池",今名白莲池。其他附近城内外东有千秋池,西有柳池,西北有天井池,沟池相通,冬夏不竭,池可养鱼,又可灌溉农田,成了"天府"中心——成都经济发达的基础。

秦时成都的手工业,尤其是冶铁业进步较大,成为成都的主要产业之一,临邛卓氏"即铁山鼓铸,运筹策,倾滇蜀之民,富至僮千人"。程郑"亦冶铸,贾椎髻之民,富埒卓氏"。可以说成都的冶铁业分布广、规模大,闻名全国,中央政府也因此在成都设铁官对冶铁业进行管理收税。同时,随着冶铁业的发展,成都的其他手工业如纺织业、金银业、铜器业、漆器业、木器业等行业也都有较大的发展。闻名遐迩的蜀锦生产这时也已达到较大规模,在郫江两岸分布有若干织锦作坊,车辆生产规模也较大。

因成都商业的发展势头很好,很快就又在少城的基础之上,在其西南角另建新城,作为商业区。至此,成都的城市格局基本上得以确定,只是在以后的历史上随着城市发展趋势的需求,有所变化。

少城的修建,加速了成都商业中心的形成。在这一时期,成都的商业发展形成了独特的格局,对外贸易形成了三个贸易圈:第一层为成都与周围地区,即成都平原和边缘山区。第二层为成都与省外部分地区,北达关中、中原,东至湖南、湖北,以及云南、贵州,西至甘肃、青藏等地区。第三层则为成都与海外贸易。如在朝鲜、越南、泰国等地发现战国后期蜀地所产的铁器。

单说在少城西南角这个商业区,几乎集中了成都商业的精华,其地方包括今天的青羊宫等地。青羊宫古称青羊肆。肆为商店的意思,如茶房酒肆。扬雄《蜀王本纪》说:"老子为关令尹喜著《道经》,临别曰:'子行道千日后,于成都青羊肆寻吾。'"尽管这被证实是不靠谱的事,但也还说明了青羊肆由来已久。

这里是两汉时期城市商业中心,整齐的街道两侧商铺林立,货物应有尽有。也即《华阳国志》和《益州记》里称为的府市和州市,其区域位置就在市桥与笮桥之间。市桥是在府河前身郫江上,笮桥则在南河的前身流江之上。不过,这个商业区因位于城区的西边也被称为西市。而这与被称为"南市"的商业区很近,即在大城南门外的江桥下面,西晋有童谣说:"江桥门,阙下市。"可见其大致位置所在。

但不管怎样,都说明成都的商业成规模发展了。这些都被汉代画像砖很好地记录了下来。此时成都人的文化生活也还是有着丰富内容的。

要说成都生活的丰富,需借助考古的发现。近年来对成都汉代的考古发掘中,画像砖是十分常见的文物,其涉及的内容包含了汉代社会生活的各个方面:农业生产、手工作坊、商业贸易、建筑、交通车马、舞乐百戏以及神话传说等,丰富多彩,包罗万象。

这些画像砖真实地记录了汉代的社会生活和大量的精彩瞬间,是我们认识和研究汉代社会不可缺少的珍贵资料。其中尤其珍贵的,是那些史籍很少记载的、与普通市民居家生活密切相关的题材:如交通出行类的《耕车》《轺车》《斧车》《辎车》《棚车》《伍佰前驱》《车马过桥》,娱乐类的《杂耍》《七盘舞》《舞乐百戏》《弄丸剑宴舞》《舞乐》《抚琴》,饮食吃喝类的《酿酒》《庖厨》《宴集》《宴饮观舞》,市集购物类的《市井》《市集》《酒肆》,以及《习射》《六博》《燕居》《庭院》《叙谈》《迎谒》《养老》等,不胜枚举。

由此我们可看到这样的城市风貌:成都少城外南是城市商业集中区,从《市井》画像砖上看,区域建筑十分规范,市场四周有市门,中央有钟楼,十字形的街道两侧,商铺林立,一排一行整齐有序,四方货物应有尽有。市场从清晨即开市,这里汇聚了成都最大量的物产,讨价还价的喧嚷不绝于耳。成都人纷纷到这里采购日常用品。《市集》上采购点食物,《酒肆》上装上几斤醥清(酒),带回家来,厨师们便开始制作美食佳肴。经过《庖厨》加工制成的美味被一一摆上了几案。一家人席地而坐,品着最具特色的食物,再吃上一杯美酒,在温馨的《燕居》小屋,这是让人羡慕的家居生活。或者再邀上三五友人聚会,又或者是家境殷实者,有可能请来丝竹管弦艺人,一边有《舞乐》《七盘舞》相伴,一边有《杂耍》《弄丸剑宴舞》助酒,这情景也着实让人羡慕。一如晋代文学家左思《蜀都赋》所写的:"吉日良辰,置酒高堂,以御嘉宾。金罍中坐,肴烟四陈。觞以清醥,鲜以

闲雅成都

汉画像砖《享乐》

紫鳞。羽爵执竞,丝竹乃发。巴姬弹弦,汉女击节。"

在这里所看到的,又或者是这样情景:一个阳光明媚的春天,人们或漫步《市井》街头,听着顾客与小贩的讨价还价,成为本雅明笔下的"闲逛者";或弃步从车,若是官员的出行,乘的是《軿车》《轺车》,前有《伍佰前驱》开道,《斧车》引路,风头十足。若是眷属或平民,则以辎车、棚车、大车代步,一路驰骋,穿街过桥,越过城门。踏青于郊外,尽览春光山色,或《六博》较技,或狩猎于林木之间,那也是成都人久违的游乐时光。

这些日常的场景,是画像砖记录汉代成都人生活的一瞥。当我们看到这丰富的城市生活图景,不免想象成都人的日常生活的演进,直到今天,其性情变化依然不是很大。汉代也是成都这座城市商业发展最好的时期。

秦汉成都的商业发达,成为全国大都市,并是全国五大都会(洛阳、邯郸、临淄、宛、成都)之一。西汉元始二年(二年),成都人口达到七点六万户,近四十万人,超过了洛阳。南市在繁荣成都经济生活方面所发挥的作用,让成都走在了全国的前列。

这中间,因战乱缘故,成都城市一度出现经济疲软现象。譬如东晋永和三年(公元三四七年),桓温平夷少城,"独存孔明庙",于是城南繁华之区,也就随之萧条。

贞元年间(七八五年—八〇五年),韦皋于万里桥南创设新南市,开拓通衢,人口增加到上万户,亭台楼阁,那是一时繁华。此乃大城南市,北临锦江。

张籍《成都曲》言:"锦江近西烟水绿,新雨山头荔枝熟。万里桥边多酒家,游人爱向谁家宿?"新南市的风情由此可见是何等的丰富。

新南市不仅有商旅往来者的欢场,"货药者""鬻香丸者"也可就市售之。陆游曾住在笮桥东边,时常到南市闲逛,"南市沽浊醪"(《饭罢戏作》),"南市夜夜上元灯,西邻日日是清明"(《感旧绝句》),"斗鸡南市各分朋"(《怀成都十韵诗》),真是多元的市场。

唐宋时,成都还有相对集中的专业市场,米市在城的东南隅,《茅亭客话》记:"伪蜀成都南米市桥";渔市在万里桥南边,就在新南市的外围,陆游《晚步江上》:"万里桥边带夕阳,隔江渔市似清湘";锦市在城的东南县境内,四月锦市繁荣,锦坊俱开,繁盛一时;扇市在大慈寺前,《华阳县志》:"蜀民每岁五月,于大慈寺前街中卖扇";麻市在城南,陆游《昔在成都,正月七日圣寿寺麻子市,初春行乐处也》:"城南麻市试春行";另外,《蜀中广记·风俗记第一》云:"(五月)五日鬻香药于观街者号药市,鬻器用者号七宝市。"而《方舆胜览》更把当时大慈寺前的繁盛景象描述出来:"成都古蚕丛之国,其民重蚕事。故一岁之中,二月望日,鬻花木、蚕器,号蚕市。五月鬻香药,号药市。冬月鬻器用者,号七宝市。俱在大慈寺前。"这也显示出了成都的经济活力是多么的与众不同。

除了这些市场,还有北市、东市、西市,每个市场各有其独特性。考察各个市场的功能区分,与今天的专业市场何其相近。

成都商业的发达,从街市也可看到。李膺《益州记》说:"成都之坊百有二十,第四曰碧鸡坊。"记载其盛况的诗文不少,且多集中在唐宋。杜甫《西郊》言:"时出碧鸡坊,西郊向草堂。市桥官柳细,江路野梅香。"由此诗可以断定碧鸡坊在东胜街一带。

然而,碧鸡坊被南诏焚毁,宋代重建的碧鸡坊则在罗城北郭。其旧址已不可考。但从时人诗词中,约略可见当时的盛况。宋代的碧鸡坊是酒肆闹市,也有露香亭、红云岛等园林胜景。陆游《花时遍游诸家园》:"走马碧鸡坊里去,市人唤作海棠颠。"

学者王文才考证,坊有名园,为五代所遗。前人亦有解说:"故蜀燕王宫,今为张氏海棠园。"所谓张氏海棠园即是宋时的成都著名园林胜地张园。又,范成大《醉落魄·海棠》:"碧鸡坊里花如屋。燕王宫下花成谷。"海棠也为蜀中名花,唐宋时最为珍视,不只是有芙蓉出名的。

成都的街巷,最早是泥土路,哪怕是在最繁华的南市也是如此。"市区栉比,衢道棋布,地苦沮洳。夏秋霖潦,人行泥淖中,如履胶漆。既晴,则蹄道辙迹,隐然纵横,颇为往来之患。"至南宋绍兴十三年(一一四三年),成都才开始将泥土路的街道改为砖砌,长达两千多丈。

淳熙年间,范成大再次为成都街巷砖砌,《砌街记》说:"以丈计者三千三百有六十,用甓一百余万,为钱二千万赢。"这次修通街道,"费出于官,而不以及民"。这当然很受成都人的欢迎了。

这次整修的街道达到了十四条。街景也颇受用,"雨不乘檐,骑不旋泞。徐行疾趋,俱从坦夷"。父老相与叹曰:"周道如砥。"这里所说的周道,是周王朝在国都镐京和东都洛邑之间,修建了一条特别宽广平坦的大道,号称"周道"。成都有如此街巷,也真是奇迹吧。

锦官城与车官城

诗人杜甫在《春夜细雨》里写到成都生活:"晓看红湿处,花重锦官城。"这一个"锦"字几乎写尽了成都的繁华富庶、物华天宝,以及在这里生活的人们是如何安居生活的。

锦官城,是成都的第一个别名,其来源是在西汉。此时,成都的丝织业已名冠全国,不但织锦工人的居住地被十分诗意地称为"锦里",而且还有专门进行丝绸贸易的"锦市"和名叫"锦官"的专职管理者,而锦官的办公处所日后便被顺理成章地称为"锦官城",简称"锦城",这也就是成都得名"锦城"之始。

进入西汉时期,成都城市在秦朝创立的格局之下得到了蓬勃发展,都成为专门的手工业者和商人聚集之所,成为秦汉时代有名的商业都市,到西汉末年又成为全国除长安以外的五大商业都会之一。西汉时期,成都人口达七点六万户,大约三十五万人,是仅次于长安的全国第二大城市;东汉时期,成都县发展到九点四万户,约四十余万人,集

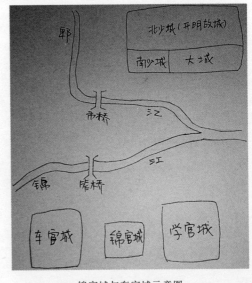

锦官城与车官城示意图

中了川西平原全部人口的百分之三十；两晋时更占川西人口的百分之六十……城市人口集中程度之高，为全国罕见，这是成都城市人口第一次集中的高峰，也是成都第一次打造国家中心城市。这则从侧面说明了成都经济繁荣，才有了人口的持续增长。

《后汉书·公孙述传》载："蜀地沃野千里，土壤膏腴，果实所生，无谷而饱；女工之业，覆衣天下。"这也是成都成为"天府之国"的来源。

根据城市的规划和布局，锦官城的选址在"益州南，笮桥东，流水南岸，号锦里"。笮桥是南河上著名的七星桥之一，《成都城坊古迹考》据此认为，锦官城的位置在今西较场外锦江南岸百花潭到南河桥一带。为何将锦官城选址在此处？其理由是此处江水与其他地方的不太相同：我们知道蜀锦在织成之后，需在江水中漂练，漂练的目的，是达到脱胶与漂白的效果，使其更具光泽，这道工序，就是左思《蜀都赋》记载的"贝锦斐成，濯色江波"。

工匠们对流江各段的水质进行试验之后发现，在流江里漂练的蜀锦纹路分明，色彩鲜艳，胜于初成，在其他江水漂练的蜀锦就差得多了。于是，汉代成都人便将这里称为"锦里"，把流江经过成都的这一段称为濯锦江。

薛涛《试新服裁制初成》："九气分为九色霞，五灵仙驭五云车。春风因过东君舍，偷样人间染百花。"这里说的是蜀锦的"扎染"工艺，是蜀缬所染成之彩衣，有"九色霞""染百色"之誉。之所以这样，是与锦里的水质分不开的。

每当蜀锦织成，织锦女工便手持蜀锦，来到濯锦江中漂练，《浪淘沙》有这般描述："濯锦江边两岸花，春风吹浪正淘沙。女郎剪下鸳鸯锦，将向中流匹晚霞。"夕阳西下，晚霞当空，江水中的蜀锦与倒映在江水中的晚霞交织在一起，如同一幅长卷一样在锦江中缓缓展开……这样的场景是锦江上最常见的风景。

不过，历史上的蜀锦，样式极为繁多，魏文帝曹丕曾对臣下说："前后每得蜀锦，殊不相似。"魏明帝曹睿有一次赠送日本女工许多礼物，就有蜀地进贡的"绛地交龙锦"五匹，"绀地句文锦"三匹。

要说锦官城，不能不说古蜀成都养蚕织锦的历史。考古发现在先秦时期，人们在从事农业生产的同时，还饲养蚕只。地下考古材料也证实了蜀人养蚕织布至迟在四千多年前就开始了。

考古资料显示，新津宝墩遗址出土有大量的陶质纺轮。夹砂灰陶或褐陶，形状均上小下大，呈梯形或如一倒置碗、钵形。到三星堆、十二桥文化时期，出土的纺轮有陶、石两种质地，型制发展为多种，数量也大大增加。在广汉三星堆遗址就发现有陶质纺轮多达十八件，绝大部分为泥质黑陶，少量灰陶、褐陶。型制多为四种，主要为近似圆锥体，腰部略内收，中皆有一圆穿孔。这样实用性更强、型制不同的纺轮可以纺出不同规格粗细的线。很多纺轮还饰有精美的纹饰，如箆点纹和凸弦纹，制作也较考究。石质纺轮也有十四件，均似饼状，中有穿孔，系两面钻凿而成。其直径一般在三至五厘米之间，厚约一点五厘米左右。部分遗址中还发现了小巧纤细、通体磨光的穿眼骨针。从而推知这一地区的纺织缝纫技术已到相当发达的程度。从三星堆遗址两个大型祭祀坑出土的青铜人像的着装，尤其是二号坑的青铜大立人像所戴的花冠、长襟燕尾服上所饰的各种精美而繁杂的纹饰来看，蜀人至迟在三千多年前已有非常高超的纺织缝纫技术和刺绣织锦技艺。再从西周至春秋战国时期出土的巴蜀青铜器上雕刻的大量蚕纹、采桑图像等分析，这时蜀人的养蚕抽丝、织锦纺布已相当普遍，且远近闻名。

公元前三一六年，秦灭蜀时，其理由便是"得其布帛金银，足给军用"。无疑，先秦时期蜀地发达的纺织水平，为后来四川养蚕织锦的兴盛奠定了坚实的基础。这也是汉代设置锦官城的重要原因。

除了锦官城，成都还有车官城之称。车官城则建在锦官城的西南方向。两城遥相望，一文一武，文武张弛，构成了汉代成都的"工业区"。车官，负责制造车辆等运输工具。制工场位于少城城西的检江北岸，因是为军事服务，故工场所在地筑有城墙，城四周设有多座军营城垒。

设置车官城是基于多方考虑的结果，一方面便于管理，另外也便于政府征收税费。不过也有研究者声称，车官城的背后可能隐藏着大汉王朝一些鲜为人知的秘密：在东汉王朝的设想中，车官城被赋予了军事上的意义，东汉王朝作战用的战车，许多也是来自于此。伴随着东汉王朝外交政策的起伏及与北方匈奴的交恶，越来越多的战车从这里走向了战场。若干年前，一批工匠也被选入这座森严的军事基地之中，他们的任务就是终日刨木、打铁、造车，许多人的一生，便在这日复一日的劳动中慢慢耗尽，死后也没能离开。当然，这只是一种猜想。

尽管我们现在看到车官城的资料不多，似只能作如此猜想，但《史记·货殖列传》记载，汉时成都与长安"两城财富，甲于全国"。长安是关中都市，成都则是西南贸易中心,"北据汉中,东守巴郡,顺江而东,可通荆、扬,崎岖而南,可达黔、滇"。勤劳的成都人,数千年不断,铺设了一张比顺丰快递还要严密的物流网,四通八达,繁荣无比,汉王朝希望能以官营方式对成都的物流进行合理控制。这或许是设置车官城的重要意义所在。

不管怎样,成都因有了锦官城与车官城,在汉代的繁荣是在全国少有的现象。这其实也是在预示着成都的未来经济发展模式:唯有发展特色经济,才有可能在未来有立足之地。

成都名楼记

作为历史古都,当然少不得有古建筑,但我们今天在成都看到的古建筑极少,追至明清时代,已算难得的古迹了。喜好游宴的成都人在庶民文化上所创造出的种种辉煌,也是难以计数的。然而,若是从城市规划的角度考察,成都城市的变化除了世事变动引起的城市格局变化外,也还可以从建筑的兴衰知历史。

成都历史上留存下来的名楼不多,但在历史上存在过的名楼却还不少,其功用多从军事功能考量,比如张仪楼、筹边楼,也有游宴之所,比如西楼、望江楼,这些名楼虽在历史上已烟消云散,然从楼阁的角度出发,或许可观察成都不同时期的世情。

张仪筑城之时,是否建有城楼,当时的历史文献没有记载。南朝萧梁时李膺《益州记》说:"少城有九门,南面三门,最东曰阳城门,次西曰宣明门。蜀时张仪楼,即宣明门楼也。重阁复道,跨阳城门。"

学者袁庭栋先生对老成都的城门历史颇有研究。他曾说,蜀汉时期的成都城基本上沿袭了战国蜀郡城的规模。成都城共有外城和子城两城,外城称为大城,内城称为少城。城中西面有宣明门,宣明门又称张仪楼,南面有江桥门,东面为阳城门,北面称咸阳门。少城在大城外,东面城墙与大城西面的城墙相接,因此城市只有西、南、北三面有墙有门。汉武帝时再次增修,大城、少城各建九座城门,时称"十八郭"。

此张仪楼,是蜀汉时才有的称谓。其位置大约在汪家拐与文庙西街之间。

闲雅成都

散花楼

《成都城坊古迹考》说："白菟、张仪二楼相距不远，又有屋宇相连（即重阁复道），则两者可分为二，又可合而为一。"很显然这样的规划和设置，是从战略考虑的，一旦有军事行动，即能发挥出相应守护城市的功效。

然在后来亦有人将白菟楼等同于张仪楼。《成都诗览》说："（张仪楼）楼高百尺，又称百尺楼，因上有白兔彩绘，亦称白菟楼。"

在李膺之前，任豫《益州记》说："诸楼年代既久，榱栋非昔，惟西门一楼，虽有补葺，张仪时旧迹犹存。"

《元和郡县志》卷三十一云："成都西南楼百有余尺，名张仪楼，临山瞰江。"

然而，有不少学者认为，张仪楼自始至唐，一直享盛名，至南宋末成都全毁，此楼也被毁。但查诸史料，不难发现，张仪楼多次在其旧址上重建，这才得以留下张仪楼的名号，实则是规模、形制当有所变化。如隋蜀王杨秀重修成都城时，当也有所变化。

唐高骈修筑成都罗城时，又将此楼修建于罗城之上。可见张仪楼也是多有变迁。

唐宋诗人多有题咏张仪楼。如岑参《张仪楼》："传是秦时楼，巍巍至今在。楼面两江水，千古长不改。曾闻昔时人，岁月不相待。"又，《陪狄员外早秋登府西楼，因呈院中诸公》："常爱张仪楼，西山正相当。千峰带积雪，百里临城墙。烟氛扫晴空，草树映朝光。车马隘百井，里闬盘二江。"

段文昌《晚夏登张仪楼呈院中诸公》："重楼窗户开，四望敛烟埃。远岫林端出，清波城下回。乍疑蝉韵促，稍觉雪风来。并起乡关思，销忧在酒杯。"与其唱和的有姚向、温会、杨汝士、李敬伯、姚康等人，可谓是一场雅集。

此时张仪楼的战略功能已弱化。成都作为对抗西南蛮夷的战略城市，其城墙有战略意义，但也并不仅仅如此。因其在郫江之北，登楼远眺，能见二江双流城下之景致，所以才逐渐演变成登临胜地。

穿过琴台故径,即走到锦江边,在百花潭公园的右手边有一座四层高、八角翘檐、红色花窗、秀丽挺拔的楼宇,即名楼——散花楼。

散花楼的得名,有"天女散花"之意。王象之《舆地纪胜》说:"散花楼(隋)开皇时建,乃天女散花也。"其址也在郫江之北,祝穆《方舆胜览》:"锦楼在成都县龟城上,唐建。前瞻大江,西眺雪岭,东望长松,二江合流,一曰锦江楼,一曰散花楼。"《成都城坊古迹考》考证:"散花楼当在今成都市烟袋巷附近。"

《成都记》云:"散花楼,在摩诃池上,(隋)蜀王秀建。"实在不确。摩诃池为隋蜀王杨秀开凿,在后子门。其地离"二江"较远,哪里能欣赏江景呢?

且有李白的诗《登锦城散花楼》为证:"日照锦城头,朝光散花楼。金窗夹绣户,珠箔悬银钩。飞梯绿云中,极目散我忧。暮雨向三峡,春江绕双流。"

稍晚于李白的张祜有《散花楼》诗:"锦江城外锦城头,回望秦川上轸忧。正值血魂来梦里,杜鹃声在散花楼。"

在唐代,散花楼是与黄鹤楼、岳阳楼、滕王阁等楼阁齐名的名楼。至于锦江楼,则并非是散花楼的异名,或为其附近的一楼宇而已。

值得一说的是,此楼与散花楼、张仪楼一样,都可观看江景。

散花楼在南宋末年亦被焚毁。曹学佺《蜀中广记·名胜记》说:"东城楼即散花楼也。"这是明代重修成都城时,将城之东北角的亭台称之为散花楼,但实与昔日散花楼关系不大。《成都城坊古迹考》认为:"清代城之东北隅,实未建亭。"

今天的散花楼是一九九三年新建楼阁,与昔日旧楼更是无关了。

唐时亦有名楼筹边楼,其建筑当是从军事战略考量。唐文宗大和四年(八三〇年)十月李德裕出镇西川节度使,次年秋为筹划边事所建,故有此名。此楼按照南诏山川险要者画在图的左边,而西道与吐蕃接者绘在右边。其部落多寡,道路远近,均召习边事者与之指划商订,预为进战退守之备。

薛涛有诗《筹边楼》:"平临云鸟八窗秋,壮压西川四十州。诸将莫贪羌族马,最高层处见边头!"

考察筹边楼之旧址,时为唐节署附近,当在今天省科技馆东侧。前蜀以唐节署为皇宫,永平五年(九一五年)失火全毁,筹边楼岂能安然无恙,据闻此后有修建,但宋灭蜀时,拆毁殿宇作筏以运物资,如此看来,筹边楼当已不存。

一九五八年望江楼 （图片来源：冯水木）

宋淳熙三年（一一七六年），担任四川制置使的范成大也重建筹边楼，陆游曾为之作记，言此楼在"子城西南隅"。然而，此楼至南宋末年亦不存了。

明代也修建有筹边楼，此楼又称为镇边楼。然这一座筹边楼详细情况就不为人所知了。

清代康熙五年（一六六六年），时任巡抚的张德地曾重新建楼，且题为"古筹边楼"，其地址在北糠市街东侧，到民国时尚在，后来因扩展街道，修筑马路被拆毁。

筹边楼从此消失。

宋时的西楼，在名园西园之内，原在成都府衙之北，其址即今天的盐道街一带，吴师孟有《重修西楼记》记之："基构疏壮，为成都台榭之冠，非参僚宾客不得辄上，每春月花时，大帅置酒高会于其下五日，纵民游观宴嬉。"范成大有诗《西楼秋晚》可佐证：楼前处处长秋苔，俛仰璚杓又欲回。残暑已随梁燕去，小春应为海棠来。客愁天远诗无托，吏案山横睡有媒。晴日满窗凫鹥散，巴童来按鸭炉灰。又有《西楼独上》："竹日驻微暑，松风生早秋。闲寻来处路，独倚静中楼。老景驱双毂，乡习挽万牛。相随木上坐，脚底亦云浮。"

后来，西楼渐朽败，嘉祐六年（一〇六一年）知府吕大防重建，此楼毁于南宋末年，此后不复重建。

在成都的东面，沿着锦江下行，即可抵达望江楼公园，这里亦有楼，名为望江楼，这是纪念薛涛的公园胜地。

关于望江楼，彭芸荪在《望江楼志》言："薛涛井在成都东门外三里锦江之滨，旧名玉女津，为明蜀藩仿制薛涛笺处。因此称此井为薛涛井，后辟为园林，习称望江楼。"然而，在明中叶时，已误认此处为薛涛制笺之故址。

今人杜均有诗论望江楼："望断云天上此楼，江山老却玉人愁。当年一种风情在,付与苍波万里流。"极写望江楼今日之风貌。

然而,今天的望江楼并非一楼之名,且望江楼公园里已有的楼阁为清代的产物。

扩筑罗城

考察成都城市的流变,其每一步的发展都与时代休戚相关。在蜀汉时,成都也有大城少城,刘备在章武元年(二二一年)即帝位,其址在武担山之南,以大城为宫城,其规模应该比秦汉时小许多了。其后的晋代沿袭蜀汉旧制,以大城为州城,属于益州刺史管理,以少城为郡城,由蜀郡太守管理。原本两个部门是各有属区,然而人事愈加复杂,州郡不协调,打起了内战,结果是老百姓遭殃。至太安二年(三〇三年),李特攻蜀先是占据少城,少城为敌军所占,这就成了大城之患。在接下来的近五十年的时间里,变乱经常发生,成都人口锐减,这时的郡治户口较汉代几不及一半,州治人口较汉代不过四分之一,也就只好移旁郡户口来充实成都。

永和二年(三四六年),桓温平定成都,则将少城平夷。张仪筑少城至此,共存在了六百五十七年,这时的成都仅存一座孤立的大城。这种变化使张仪古城成为历史的旧迹。

随着社会的稳定,成都人口也充实不少。如此,就显得城小人多。隋文帝之子杨秀就地筑城,这对成都城市格局变化也发生了影响。

明天启《成都府志》卷三说:"大城创于张仪,少城筑于杨秀,罗城增于高骈。"

那么,杨秀所筑的城是在哪里?史料记载,是位于南西二隅,这也被称为少城。这个少城并不是秦汉时的少城,只不过是在原少城基础上修建的城池而已。

《益州重修公宇记》里说杨秀筑城概况:"因附张仪旧城,增筑南西二隅,通广十里。"专家们考证,这个城池是毗连秦城之新城。简言之,由秦大城向西看,秦城在内,隋城在外,也还是张仪城的场景。但从当时的城市演变看,隋城包大城的两面,犹如外城一般,但与此后出现的羊马城又有不同。不管怎样,隋城在某种程度上恢复了成都的生气。

　　隋城至唐文宗南诏第一次进攻成都后,已基本消失。这跟此时的城市建筑规划和技术相关。尽管如此,但这隋城在隋朝和唐前期,对于成都城市的发展,也还是起到了防护的功能。

　　盛唐时代的中国,那是全球经济、文化的中心,即便是成都这个城市,也有着与往昔不同的风格。"九天开出一成都,万户千门入画图。"在唐朝诗人李白的笔下,唐朝的成都应该是极美的城市,照今天的话说,简直是国家级园林城市了。在杜甫的笔下,这里"层城填华屋,季冬树木苍"。简言之,唐朝是成都历史上最繁荣的朝代。

　　此时,蜀郡改称益州总管府。贞观年间,分天下十道,蜀置剑南道。成都人口稠密的东部被划分为蜀县。

　　唐天宝十五年(七五六年),唐玄宗为避"安史之乱"逃至成都,改益州为成都府,后再升成都府为南京,蜀县改为华阳县。此为"南京"一词在历史上之首次出现。李白有诗《上皇西巡南京歌十首》,其六云:"濯锦清江万里流,云帆龙舸下扬州。北地虽夸上林苑,南京还有散花楼。"

　　随后,玄宗在成都东郊建设规模雄伟的大慈寺,成一时胜地。稍后,韦皋镇蜀,又加以修治,东郊也就更加繁荣了起来。在贞元年间(七八五年—八〇五年),韦皋在万里桥南创设新南市,开拓通衢,人逾万户,楼阁宏丽,这也成就了将成都市区向东南发展的趋势。

　　在成都城市的变迁史上,不能绕过去的是唐末名将高骈扩筑罗城。为什么要扩筑呢?这是因在唐太和三年(八二九年)、咸通四年至六年(八六三年至八六五年)、乾符二年(八七五年)等时间段,南诏多次深入蜀中,数围成都。此外,还有一个重要原因是,随着城市、经济的发展,成都的城垣本来就狭小,有警则民竞相入城,就显得有些捉襟见肘,已是难以堪用。《全蜀艺文志》里记录:"数万户人,填咽共处。池泉皆竭,热气相蒸,其苦可畏,斯蔽可恤。"你可以想象当警讯来临时众人涌入城中的景象,那真是与电影《一九四二》极为相似的场景。

　　乾符二年(八七五年),高骈担任西川节度使。很显然,他到成都之后,对成都的城市规划、街市的现状也做过多次调查。高骈得到的结果很可能是,仅仅小打小闹的修修补补,只能局部地解决城市存在的问题,从大的方面看,却无助于城市的综合发展。次年六月,他上表朝廷请求广筑罗城。

唐僖宗批准了筑城方案。高骈就令僧景仙规度工程,这一年的十一月完工,前后共费时九十八天。高骈下令动员成都附近八州十县的民工,由各县县令指挥安排到成都筑城。此外,用数据来看,罗城的修建费钱一百五十万贯,用砖一千五百五十万块。这罗城环绕在子城之外,周回二十五里,高二丈六尺,开十门,城上建楼橹廊庑五千六百余间,城门外有瓮城,这样短时间修筑城市也是成都建城史上值得书写的一笔。

关于罗城的来源有一种说法是,比原来的城区扩大了六倍左右。由于新城把以前的大城、少城、隋城等统统都包罗了进去,所以把它叫"罗城"。等罗城完工后,高骈请巫师用《易经》占算吉凶,得到"大畜"吉卦,因"畜"不雅,去"田"取"玄"。高骈又高兴地把罗城命名为太玄城。

在修建罗城时,在原来的筑城基础之上,加上技术革新,城墙更为坚固了。如秦城只是进行版筑就完工了,这次修筑罗城,则在大城外砌以砖甓,成都有砖城是从这里开始的。修建以后的罗城虽称十个城门,但是考察诸多的典籍,能确定的只有七个有名字。如南门叫万里桥门,西南的叫笮桥门,东边的有大东门、小东门,西边的则是大西门、小西门,北边的则是太玄门,且每个城门都有城门楼。

罗城的四面从今天来看,大致可以确定其方位在今天的一环路之内。罗城的西、南两面系由内江改道,扩展到外江的边上,并且以外江上的笮桥、万里桥为城门名,可见此地就在锦江边上。

再看其北面,其北垣所到的地方,应该是在清远江的边上。这里说的清远江,实际上是高骈修罗城,改道郫江为清远江。

不过,罗城依然是依二江之形势建造的,也还是正方形。那么,东面的城墙应该是在清远江边上了。罗城是三面临江,只有西边设有城壕。由外江西南笮桥门起,北经内江故道的外缘,直到城市的西北角,大体也还是直线。此外,作为整个罗城工程的一部分,高骈还改凿了护城河,使郫江改道,这也是防御工事的一部分。

看了罗城的外部规模之后,再来看城内的设施,当时成都可谓"内外两江,四大干渠,十八沟脉",河湖水系相当完整。我们从当时的城市布局可以看到,郫江故道上较深的河床变成若干大小不等的池塘。浣花溪与百花潭相连,还有摩诃池、千秋池、万岁池、青龙池等都与城内水系相连。这当中最知名的要数解玉溪和金水河。解玉溪流经大慈寺南端,因河中细沙可以解玉而得名。金水河的开凿比解玉溪晚。此后,白敏中开凿金水河后,疏浚环街的渠道,一千多年以后在正科甲巷的考古发掘中,出土了一段完整的唐末排水渠,由此可见成都的水系工程是极为发达的。

《成都城坊古迹考》对成都城内的水道有详细的记载:"罗城城墙外,则有护城壕包围,也可以作为御敌工事,为此需先将郫江水道加以改造。其水道西段逼近罗城城垣一段,则作为护城壕处理;其末端改与流江通联。原先郫江水道之南段,已包入罗城以内,则废为城区沟渠。在原先郫江进入城区西北部的地方,有糜枣堰堤(今九里堤),高骈即在此处将南流之郫江改道,使之折而向东,环绕罗城北缘。郫江此番改造,形成包围城垣北面与东面之护壕,于是构成新的二江抱成之势。"此时的成都航运依然繁忙,虽然地处帝国西南的边陲,却还是保持着持续的经济增长力,而这也是得益于成都物阜民丰、老百姓安居乐业的结果。

二〇〇八年,成都考古人员在江南馆街唐宋街坊遗址的挖掘,则证明了唐宋时期的城市内部构造是极其完备的。

这处遗址位于成都市江南馆街北侧,东为大慈寺片区、西与红星路相邻,北为蜀都大道,面积约五万平方米,发掘总面积近五千平方米。在这里,考古人员共发现唐宋时期大小排水渠十六条、铺砖道路四条、泥土支路四条、房址二十二处,明清时期道路一条、房址八座、井三口。最让人震撼的是,在此次考古发现中,考古人员发现了唐宋时期主次街道、房址和与其配套的地下排水系统。

江南馆街唐宋街坊遗址里的各类遗迹极其丰富,通过比对就不难发现,这一时期的成都主次街道、房屋、排水渠(城市下水道)规划科学,布局合理,充分反映了唐宋时期成都已具有很高的城市规划和建设管理水平。唐代末期高骈扩筑罗城,使成都城从原来东西(大城、少城)并列的"日"字形向内城外郭的"回"字形转变,城市河渠、街坊的设置也发生了巨大变化,唐代晚期街坊遗址正是这一时期规划设计的体现。唐宋时期的成都,社会经济繁荣发达,享有"扬一益二""天下繁侈"的美誉,从这一遗址的发现来看,同样提供了极有力的物证。

高骈在修筑罗城时也注重城市的整体规划,比如长期以来两江有着灌溉、护城的功用,但说是完美之城,恐怕也还不够。经过多方设计、考量,就在城西北郫江上筑縻枣堰,开凿出一条新河道来。这样,郫江治水就从罗城的北边流过,此河还是流到南河口与检江汇合,这条河即清远江,即今天城北城东的府河。这条河在明代以后被称为九里堤。如此一来,罗城的东、北两面就有了护城河。这样郫江、检江、清远江构成了完美的城市防护圈。

唐僖宗对罗城的修筑很是满意,命翰林进士王徽做《创筑罗城记》,将高骈修筑罗城的事记录下来,刻在石碑上。王徽就在《创筑罗城记》里记录了新成都城:"椑柌栉比,闉阇鳞次。绮疏挂斗,鸳瓦凌霄。若飞若翔,如偃如仰。栖息乌兔,炫熿虹霓。龙然而萦,霞然而横。望之者莫不神骇而气耸,目眙而魂惊。"这说明成都城已是西南第一城,且在全国都是极其罕见的。

高骈扩筑罗城,是成都城市建设史上的一次飞跃。无疑,这也为成都城市后来的持续发展奠定了基础。

芙蓉城内外

成都有个别称叫芙蓉城,当然是因曾遍种芙蓉的缘故了。但这还是五代时的旧事。

那是战乱频仍的时代,只要有军事实力,都可称霸一方,因之在短短的时间里,涌现出十多个王朝。

九〇八年,王建称帝于成都,先是改子城为皇城,并扩建城垣。所谓子城即内城,也被称为府城。不管怎样,成都此时也是皇家居地。

王建(八四七年—九一八年),字光图,许州舞阳(今河南舞阳)人,五代时期前蜀开国皇帝。王建于唐末加入忠武军,成为忠武八都的都将之一。因救护唐僖宗有功,成为神策军将领。后被排挤出朝,任利州刺史,此后不断发展势力,逐渐壮大。后被封为蜀王,成为当时最大的割据势力。天复七年(九〇七年),唐朝灭亡,王建因不服后梁而自立为帝,国号蜀。

为了体现新王朝新气象,王建将蜀王府改为宫殿,并改府内诸门的名称。

宋人张唐英《蜀梼杌》卷上言:"大衙门为宣德门,狮子门为神兽门,大厅为会同殿,球场门为神武门,球场厅为神武殿,蜀王殿为承乾殿,清风楼为寿光阁。西亭子厅为咸宜殿,九顶堂为承乾殿,会仙楼为龙飞阁,西亭门为东上阁门,亭子西门为西上阁门。节堂南门为日华门,行库角门为月华门,万里桥门为光夏门,笮桥门为坤德门,大东门为万春门,小东门为瑞鼎门,大西门为乾正门,小西门为延秋门。北门依旧大玄门。子城南门为崇礼门,中隔为神雀门,东门为神政门,西门为兴义门,鼓角楼为大定门,北门为大安门,中隔为玄武门。昌桥为应圣桥,旧宅为昭圣宫,堂为金华殿。摩诃池为龙跃池,赏设厅为韵光殿……成都府移在子城外,逐稳便宜处置立府所司。新西宅为天启宫,堂为玉华殿。"

罗城城门、子城城门也都在调整之列。此后,王建在子城的西南(今天四川省科技馆)前面正南方位,修建了得贤门,又称五门,上起五凤楼,也被称为得贤楼。城楼"雉堞巍峨,饰以金碧,穷极瑰丽,辉焕通衢",被誉为宋代的"当代之盛"。城门内外是当时成都最繁华的商贸、游览地。陆游有诗句:"鼓吹动天沸五门,灯山万炬动黄昏",生动地描述了其繁华场景。

王文才《成都城坊考》言:"前代旧制,自此大变。"

值得一说的是,王建在位十二年,励精图治,注重农桑,兴修水利,扩张疆土,实行"与民休息"的政策,蜀中得以大治。王建去世后葬于永陵,至今仍能看到他的丰功伟绩。

且说在永平五年(九一五年),一场大火,让蜀王宫室尽焚,所以才营建新皇宫。王建病故之后,皇太子王衍即位,改龙跃池为宣华苑,并在池畔广建屋宇。宣华苑费时三年才得以修成,绵延十里,可谓成都一大胜景:有重光、太清、延昌、会真之殿,清和、迎仙之宫,降真、蓬莱、丹霞、怡神之亭,飞鸾之阁,瑞兽之门。"土木之工,穷极奢巧。"

这个宣华苑,李衍有诗《宫词》记其盛:"辉辉赫赫浮玉云,宣华池上月华新。月华如水浸宫殿,有酒不醉真痴人。"花蕊夫人亦有《宫词》一百首,书写宣华苑的美好时光。

范成大有诗《晚步宣华苑》:"乔木如山废苑西,古沟临水静鸣池。"

陆游亦有诗《花时遍游诸家园》,其五记宣华苑:"宣华无树著啼莺,惟有摩诃春水生。故老能言当日事,直将宫锦裹宫城。"此一胜景已成前尘往事矣。

同光四年(九二六年),王衍被诛杀,前蜀灭亡,成都城保留了下来。

第二年,孟知祥于罗城外增筑羊马城以及外郭。此时的成都为四重城池。

李昊《创筑羊马城记》:"掘大壕以连延,增长堤而固护……旧城峥嵘而后竦,新城岌嶪以前蹲。……重门开而洞深,危楼亘而翼展。"简直是一派新气象。

羊马城的大致情况为：城周称四十二里，高一丈七尺，基阔二丈二尺，上阔一丈七尺。凿壕一重，建门楼九所，白露舍四千九百五十七间。然后于罗城四角增筑敌楼。很显然羊马城是用于战略考量的。

所谓羊马城，《资治通鉴》说："城外别筑短垣，高才及肩，谓之羊马城。"这并非孟知祥所独创，而是北方城市规划过程中所流行的规制，他只是考虑此前的罗城在战略上的建设不够周全，借鉴而来的筑城方式。

《成都城坊古迹考》认为，羊马城实际上并没有四面包围罗城，东南两垣以外，是没有新筑羊马城的。简言之，羊马城是防备北方的军队。

不管怎样，孟知祥修筑了羊马城之后，似可高枕无忧。九三三年，孟知祥吞并东川，占据两川之地，被朝廷封为检校太尉兼中书令、剑南东西两川节度使、蜀王。第二年，孟知祥称帝。但好运气并没有时刻照拂着他，称帝七个月之后即病逝。

秦城和羊马城是土筑，而高骈所筑罗城是砌砖，但斜坡之上也裸露泥土。后蜀二世孟昶就在城上遍种芙蓉，从此，成都开始称为芙蓉城。

《成都古今集记》载："孟蜀后主于成都城上，尽种芙蓉。每到深秋，四十里如锦，高下相照，因名锦城。"

又，《蜀梼杌》卷下云："孟昶广政十三年（九五○年）九月，令城上植芙蓉，尽以幄幕遮护。""城上尽种芙蓉，九月间盛开，望之皆如锦绣。昶谓左右曰：'自古以蜀为锦城，今日观之，真锦城也。'"

《蜀梼杌》卷下又记：广政十二年（九四九年）八月，昶游浣花。是时蜀中百姓富庶，夹江皆创亭榭游赏之处，都人士女倾城游玩，珠翠绮罗，名花异香，馥郁森列。昶御龙舟，观水嬉，上下十里，人望之如神仙之境。昶曰："曲江金殿锁千门，殆未及此。"兵部尚书王廷圭赋曰："十里水中分岛屿，数重花外风楼台。"昶称善久之。十月，召百官宴芳林园，赏红栀花。此花青城山中进三粒子种之而成，其花六出而红，清香如梅，当时最重之。

这当是成都大规模栽种芙蓉的历史。可见当时的成都是怎样的繁华，但后蜀也并没有逃脱命运魔咒，二世而亡。羊马城至宋代已不见记载，而芙蓉城却作为成都的美称，一直流传了下来。

后蜀张立有《咏蜀都城上芙蓉花》两首，其一："四十里城花发时，锦囊高下照坤维。虽妆蜀国三秋色，难入豳风七月诗。"其二："去年今日到成都，城上芙蓉锦绣舒。今日重来旧游处,此花憔悴不如初。"这里所说的芙蓉为木芙蓉。李劼人《成都城也有别号》:"木芙蓉,意即木本芙蓉,犹如木棉一样,用以别于草本芙蓉,和草本棉花。"然"木芙蓉一名拒霜,叶大丛生,虽非灌木,但也不是乔木,其寿不长,最易凋零。"李劼人认为孟昶时培植得好,才有芙蓉遍地的胜景,然而除了这个原因外,大概也跟当时的成都气候相宜有关。

其后的芙蓉多有变化,明嘉靖时的陆深《蜀都杂抄》:"蜀城谓之芙蓉城,传自孟氏,今城上间栽有数株,两岁著花,予适阅视见之,皆浅红一色,花亦凋瘵,殊不若吴中之烂然数色也。"

《广群芳谱》记:"丞相祠(武侯祠)中有木芙蓉盛开,其本高二丈,干围四尺,花几万余,畅茂散漫。"这是明清时的成都栽种芙蓉的景象,然此与孟昶相比,恐怕也是难以企及的。

盆景大师陈思甫曾撰文《蓉城的芙蓉品种》,言及成都的芙蓉有鸳鸯芙蓉、红芙蓉、白芙蓉、重瓣鸳鸯芙蓉、重瓣红芙蓉、重瓣白芙蓉、七心芙蓉、醉芙蓉,那么,孟昶时所种芙蓉可能品种并没有这样多,但我们不难猜想,正是这色彩艳丽的芙蓉与成都人的庶民生活相配吧。

清人周询《芙蓉话旧录》记载,清初时成都城墙的芙蓉花早已荡然无存。乾隆五十四年(一七八九年),四川总督李世杰令在城墙上遍种芙蓉,且间以桃柳,以复五代之旧,符锦城之名:"然则芙蓉桃柳之种,虽若循乎其名,而衡以十年树木之计,则此时弱质柔条,敷荣竞秀,异日葱葱郁郁,蔚为茂林,匪惟春秋佳日,望若画图,而风雨之飘摇,冰霜之剥蚀,举斯城之所不能自庇者,得此千章围绕,如屏如藩,则斯城全川之保障,而芙蓉桃柳又斯城之保障也夫?"

此时的芙蓉不仅仅是观赏,也有城市形象的展现,更为重要的是可保障城墙的正常使用,正是这种多功能的设想,才有了成都城墙的魅力吧。

从蜀王府到皇城

南宋末年,因蒙古兵三次入成都,千年古城,全被毁败。

元代的成都生活,基本上就是在恢复的过程中。这也可从人口变化上看出来。《宋史·地理志》说:南宋时,川省人口有千余万,为由汉至明,人口最多之朝代。《元史·地理志》曰：元世祖时川省人口仅两百余万，而到了明正德十三年(一五一八)，全省人口数，也只有二百三十七万余人。成都是"人民生计，困苦不堪，故家文物，荡然无存"。这以后"虽纽璘建三书院，以巨资向东南购书，然亦不能恢复宋初之盛况"。

元代时的成都也无筑城记载可考。《成都城坊古迹考》说："罗城子城形势，大体仍宋代之旧，间有培建，均属临时修葺性质。"这只到明代才有所改变。

明代成都设大城。洪武四年(一三七一年)，四川平定，李文忠增筑新城，高垒深池，规制略备。恢复成都城市规划也才是刚刚起步。随后，都指挥使赵清甃以砖石，都督陈怀复浚城隍。又辟五门，门各有楼，门外筑月城、后塞小西门，余四门月城，各建庙宇一座。如今的西月城街，当是旧时地名的遗留了。

在明代的成都，最为显著的变化是修建蜀王府。也就是后来所说的皇城。然而，这皇城跟蜀汉时刘备称帝没有半毛钱的关系。若追踪历史，也是前后蜀时的皇宫。花蕊夫人曾写过一百首宫词来描写它的繁华胜景。后来，到了南宋，陆游来成都游览时，摩诃池的水已干涸为平陆。然后摩诃池就消失了。

再说明洪武十一年(一三七八年)，朱椿被封为蜀王，二十三年(一三九〇年)就藩成都。从十八年(一三八五年)开始，就在大城中建筑蜀王府，又环以萧墙，于是，又成为内、中、外三重城垣。蜀王府，也被称为皇城。

建成后的蜀王府气象宏大，是明代藩王府中最富丽的一座。其位置在前后蜀皇宫旧址中心，填摩诃池的大部为地基，严格按照明代礼制，仿皇宫布局建造而成。李劼人考证，蜀王府的大概位置是，北起骡马市街，南至红照壁街，东到西顺城街，西到东城根街。恰好是在城中心占了个大长方形地方，面积达三十八万平方米。

蜀王府有两道城墙，里面一道在御河内沿，正南有三洞城门，一座名端礼门，上有两重城楼。李劼人在《成都是一座古城》说，当明朝时这中间有十几间殿，很多崇楼杰阁，并有比往昔小一些的摩诃池。外面一道墙名夹墙，只有东、北、西三面用以隔绝平民百姓。内城之外，夹城之内为园苑。正德《四川志》曰："营五担山之阳，砖城周围五里，高三丈九尺。城下蓄水为濠。外设萧墙，周围九里，高一丈五尺。南为棂星门，门之东有过门，南临金水河，为三桥九洞以度。桥之南设石兽、石表柱各二。红桥翼其两旁。萧墙设四门：东曰体仁，西曰遵义，南曰端礼，北曰广智。端礼在棂星门之内，其前左右列顺门各二，直房各四。

端礼门之内为承运门。门足有为东西角门。前为东西庑及顺门。承运门内为承运殿；前有左右庑；东西殿左右有东西府；东西偏（屋宇）为斋寝凉殿。后为圆殿。圆殿后有存心殿。及后为宫门，红墙四周，外左、右顺门相向。门内为正宫，鳞次五重。山川坛在萧墙内西南隅。其西为社稷坛，又西为旗纛庙。承运司在遵义门左。其他长史、仪卫司、典宝、典膳、典仪、良医、工正、奉祠、审理八所、广备仓库、左护卫俱错居萧墙内外。"

这萧墙，《成都城坊古迹考》认为，其南垣在东西御街一线，东垣在顺城街一线，北垣在羊市街、玉龙街一线，西垣在东城根街一线。此论大致不差。端礼门前有水横带，鳌月池为洞，铺平石其上。在蜀王府的萧墙里面有菊井，其位置在旗纛庙东南的架库东边，是当时的成都八景之一，号曰"菊井秋香"。明代的潘伯驹《菊井》曰："蜀国秋香秋气清，黄花古井溢金精。餐芝岂是长生诀，饮水能消吐纳经。彭泽赋归惊紫艳，龙山醉舞傲红英。何如深殿飞琼液，一碧沉沉有地灵。"

不过，在明朝中叶，蜀王府还是发生了变化：有一位蜀王改变了夹城范围，修建了一些别馆，有关记录显示，在今天西顺城街之东已变为中心菜市场的安乐寺，和北段之东处在鼓楼南街今天已改为交通所和商业所的一部分的太平寺便是一例。南面端礼门之外，原有拱桥三道，跨于御河之上，再南又有大桥三道，跨于金河之上两侧。在道路的两边是居民的居所。当东御街口上原有鼓吹亭两座名龙吟亭和虎啸亭，一九五二年修建人民南路始发现二亭石基。大三桥之南有长达二十余丈的影壁一座，故此街称为红照壁，在一九二五年方为当时军阀拆卖无余。

关于蜀王府的情况，也有诗歌写到过，且给以极高的赞誉。临济宗高僧楚山绍琦在天顺年间，曾经被蜀和王诏见。他因此得以一睹"这座仙境般的梦幻宫殿"。在一首《进谢蜀和王殿下》的诗中，他写道："召见彤庭沐宠光，衲衣何幸近天香。琪花瑶草殊凡境，玉殿琼楼越净方。藩屏圣明齐日月，赞扬佛化固金汤。深惭林下无由报，愿祝尧年一瓣香。"

万历初，明代大地理学家王士性曾描述过见到蜀王府的情况："宫阙、卤簿，视我朝廷不啻半之。"可见当时的气度是何等的不凡。在万历年末，曾到过蜀王府花园观赏牡丹美景的曹学佺在诗里写道："锦城佳丽蜀王宫，春日游看别院中。水自龙池分处碧，花从鱼血染来红。平台不到林间日，曲案时回洞口风。

尽道今年当大有,何妨行乐与人同。"

李劼人曾考证明代成都人的生活情况:成都人口也并不多,城市并没有宋时大,城内除了蜀王府占去一大片地面外,东城一个大慈寺就有九十六个院落,西城一个圣寿寺就占去少城南面的一大半,北门除了武担山和文殊院外,东北角还有一个绝大的益州书院。此外,官署也大且多。而为人民居住处和商场所用的地方限于体制,平民百姓的房子大都是平房,没有高楼。以此估计在明朝算是复兴了的成都,它的人口也不过十万上下,顶多十五万罢了。这个时期的人口数量,也真是历史上最少的吧。

明末,张献忠在成都称大西王,以蜀王府为王宫,改承运门为承天门,承运殿为承天殿。后来他移居城外中园(今华西坝),再后来他率军撤离时进行了彻底毁坏和焚烧,蜀王府于是就在张献忠一把"连月不绝"的大火中化为废墟。清代的葛峻起《过明蜀王故宫》曰:"宫墙遗址郁嵯峨,回首风烟感逝波。建制依然同象魏,分茅从此割山河。参差碧瓦留残照,寂寞荒榛带女萝。帝子只今何处在?轩车惆怅一经过。"那可真是美丽的哀愁。

一六五五年,"蜀王府"的旧址改成了"贡院",成为全省考试举人之地,最大规模时可让一万三千九百多人同时进考,成为"巴蜀文胆之所在"。贡院中主体建筑为"明远楼"和"至公堂",皆沿南北中轴线建造在"蜀王府"宫殿旧址上。东西两边则为鳞次栉比的考棚。

然而,这"贡院"建筑群比不上"蜀王府"那样宏大,但其整体空间组织,仍延续着"蜀王府"的威仪:"从红照壁开始,乐亭、表柱、三桥、石狮等传统宫殿区前面的序列,仍使人感到有肃杀之气。"这里所延续的即是蜀王府的气象了。

李劼人先生在小说《大波》里写过这个蜀王府的变迁:"光绪二十八年(一九〇二年)废止科举,开办学堂,三年才热闹一回的贡院,也改作了弦歌之所。从前使秀才们做过多少噩梦,吃过多少辛苦的木板号子,拆除得干干净净,使明远楼内、至公堂下,顿然开朗,成为一片像样的砖面广场。部分房舍保留了下来,其余都改修为讲堂、自习室与宿舍。到辛亥年止,光是贡院的部分,就前后办了这么一些学堂:留东预备学堂、通省师范学堂、优级师范选科学堂、通省补习学堂、甲等工业学堂、绅班法政学堂、通省师范附属高等小学堂,以至巍峨的皇城门洞外,长长短短挂满了吊脚牌。而且就在皇城门洞两边,面临两个广大水池、背负城墙地方,还修建了两列平顶房子:西边的叫做教育研究馆,东边的叫做教育陈列馆。"

这里从蜀王府摇身一变,就是皇城坝,且是成都的市中心。李劼人先生在小说里写道:皇城坝有三道石牌坊:正中向南一道,是三架头形式,横坊上刻着"为国求贤"四个大字;东边一道,正对着尚未成为街道的东华门,这石坊小些,刻着"腾蛟"两个大字;西边一道,大小与东边的一样,刻着"起凤"两个大字。东边的东华门虽未成为街道,到底还零零星星有几处人家,而且近年还开了一家教门站房,专住由甘肃、陕西而来的回教商旅。而西边的西华门,简直连街的影子都没有,从一片垃圾泥土荒地望去,可以看得见回教的八寺红墙。当然,随着城市的发展,这皇城也就日渐变成了普通的街市。

不过,随着历史的演变,整个蜀王府也是几经变迁,在民国时,却未发生重大的变化。一九六六年开始的"文化大革命"使得"皇城"彻底走向消亡。一九六八年,仅存的明代"蜀王府"城墙及城内明、清两代的古建筑群被大部分拆毁。一九六九年,"皇城"遭受到了最致命的一击:皇城门楼、明远楼、致公堂等最后的古建筑被拆除。一九七〇年,"皇城"的护城河"金河""御河"被填平用以修筑地下防空工事。蜀王府也就成了历史陈迹了。

满城与少城

鸟瞰少城(一九一一年) (拍摄:[美]路得·那爱德)

城市秩序的建立,常常是在和平时期,一旦发生战争或动乱,城市秩序必然会出现混乱。在成都,同样如此。然而,城市的拥有者常常并非是平民百姓,而是官员。官员对城市的治理和管理能力,决定了一座城市的发展方向。

在经历过动乱之后,成都非常幸运地遇到了有卓见有能力的执政者,才有了这个城市绵延不绝的自我更新能力。

民国时的成都有公园名曰少城公园,更早以前,则为满城。这满城是大城修建之后,根据战略需要才修建的城中城,如今的宽窄巷子和井巷子都属于少城里的一部分。

明朝末年,四川同样卷入战火当中,尤其是张献忠在四川的烧杀抢掠,让这"天府之国"饱受战争之苦。张献忠撤离成都,"日惟焚毁城内外民居及各府署、寺观,火连月不绝。惟蜀府数殿累日不能焚,后以诸发火具充实之,乃就烬。其宫墙甚坚,欲坏之,功力与砌筑等,不能待而止"。

一九一〇年成都北门城楼 (图片来源:冯水木)

顺治三年,成都城被焚毁后,"千里无烟,无所设施",省治暂时搬迁到阆中。沈荀蔚《蜀难叙略》说:"丁亥(顺治三年,一六四六年),杨展设四镇于成都,分葺瓮城居之。"

顺治八年(一六五一年),"时成都城中,绝人迹实五六年,惟见草木充塞,麋鹿纵横,凡市廛闾巷,官民居址,不可复识。诸大吏分寓城楼,盖前四镇所葺者也。"

康熙六年至康熙八年,四川巡抚张德地等官员开始修复成都城垣。东南北枕江,西背平陆,城高三丈,广一丈八尺,周围长二十二里三分,计四千零十四丈,垛口五千五百三十八,东西距九里三分,南北距七里七分,敌楼四,堆房十一。此时的成都城门分为四座:东曰迎晖门,南曰江桥门,西曰清远门,北曰大安门。

城市尚未完全恢复。成都再次遭遇战火。康熙十三年(一六七四年),吴三桂率部占领四川,攻占成都。这是一个"八年抗战"的时期,成都已十分荒芜,官署皆无存,比如学使署、按察院都已经是荒废已久无法居住,来往官员不得不在民居寺院中居住。方象瑛在康熙二十二年(一六八三年)奉命典试四川,"入东门亦无署院,僦民宅以居"。对此时的成都他有切身的感受:"蜀都周五十里,异时人物繁富,号锦城,张献忠据蜀已去之秦,尽烧公私庐舍,屠其人凡数十万,自浣溪至新津,尸山积,水为不流。今通衢瓦房百十余所,余皆诛茅编竹为之。西北隅则颓堵败砾,萧然惨人,其民多江楚陕西流寓,土著仅十之二耳。客赋,大县不过五十金或一二十金,甚至四五金,人亡土芜,目中所未见,招徕生聚故未易也。"这时的成都好像是一夜回到了解放前。

乾隆四十八年(一七八三年),四川总督福康安又再次重修成都城垣,四门城楼高达五丈。历时两年彻底修建了城墙。修后的城墙顶宽四丈,上有宇墙,城墙下设压脚石条三层,以及在城上满建廊庑,这是防止雨水破坏城墙设施。城楼东为博济、南为浣溪、西为江源、北为涵泽。嘉庆年间《华阳县志》曰:"其楼观壮丽,城堞完固,冠于西南。"

这是大城修筑的情况,同时,城内的街道、桥梁逐渐重建,河道也得以疏浚。成都的名胜古迹也陆续重建,比如乾隆时重建杜甫草堂,嘉庆时重建武侯祠,光绪时建造望江楼。同时学校也陆续重修,如道光时建墨池书院,乾隆时为纪念明代文人宋濂建潜溪书院,同治时张之洞建尊经书院等。成都就是如此这般地逐渐恢复自己的样貌。

经过康熙、乾隆年间的两次重建和扩建,一座宏伟的成都新城又屹立在两江环抱的旧城址之上。这个费时一百二十年重建的成都,比以往更为阔气。

然而,到了鸦片战争以后,随着重庆的门户开放和川江航运的开辟,成都在四川和西南的地位逐渐被重庆所取代而渐趋衰落,但成都也正因如此,文化上显得相对保守,城市经济生活虽不是特别繁荣,却也逐渐形成独特的城市个性。

这里不能不说满城——此乃成都的城市新景观。在康熙五十七年(一七一八年),按照当时的四川巡抚年羹尧的设想,八旗兵丁及其家眷长驻成都,以防御和镇压汉人和边疆少数民族。他的这一设想很快得到朝廷的回应。于是,就在成都城内西南部新筑一城,成为城中之城,供八旗官兵驻扎,这已是乾隆初年的事了。吴好山有《竹枝词》可以佐证:"满城城在府西头,特为旗人发帑修。仿佛营规何日起,康熙五十七年秋。"

此城名为满城。后来这里也被成都人习惯地称为少城。少城面积多达四里五分。

满城位于大城内西南,但原来的规模不足以容纳八旗士兵。乾隆二十九年

(一七六四年),时任四川总督的阿尔泰请求为新到八旗官兵修筑营房四千八百四十二间,而原有的区域不堪使用,需购买地基,展修城垣。除满城西南隅空地,可盖房二千余间外,阿尔泰希望在满城北门之西,西南隅城墙处将满城城墙向外扩建,以建营房。这样一来,满城就愈加增大。

考察满城,其西侧的城墙即为大城城墙,以今日之角度看,即为同仁路、西较场一线。从西城墙北侧起,往东沿今日西大街、八宝街一线,止于八宝街东口、青龙街西口,即为北城墙。城墙向南,沿老东城根街直至半边桥街,为东城墙。其中的东门街东口到祠堂街东口一段,乃是利用原明蜀王宫之城墙,砖又大又厚,城墙高两丈余,比其他段城墙要高出五六尺。满城的南侧城墙,即为君平街、小南街至西较场一线。

满城共有五座城门,东面的北首为大东门,名迎祥门,南首为小东门,名受福门,北门叫延康门,南门叫安阜门,而西门还是沿用大城的叫法,称为清远门。满城里的街巷井然有序。

雍正《四川通志》曰:"每旗官街一条,披甲兵丁小胡同三条。八旗官街共八条,兵丁胡同共三十三条。"(胡同后来增建至四十二条)

以长顺街为界,西侧四条官街为:正黄旗——仁德胡同(西马棚街);正红旗——甘棠胡同(实业街);镶红旗——右司胡同(西胜街);镶蓝旗——永发胡同(蜀华街)。

东侧四条官街为:镶黄旗——广德胡同(东马棚街);正白旗——都统胡同(商业街);镶白旗——左司胡同(东胜街);正蓝旗——永济胡同(今人民公园内)。

从满城里的这些街道分布看,长顺街俨然如鱼的脊背,几十条胡同分列东西,俨然若鱼刺。然而,若是从空中俯瞰,整个少城布局如同一只蜈蚣,将军衙门是蜈蚣头,一条长顺街是蜈蚣身,其余兵丁胡同是蜈蚣脚。

李劼人先生在小说《死水微澜》里记录了满城的生活:"每日吃了饭后,便从西御街走进满城的大东门。果然是一道矮矮的城墙之隔,顿成两个世界:大城这面,全是房屋,全是店铺,全是石板街,街上全是人,眼睛中看不见一点绿意。一进满城,只见到处是树木,有参天的大树,有一丛一丛密得看不透的灌木,左右前后,全是一片绿。""在满城里,则你走完一条胡同,未见得就能遇见一个人。"满城里的人,"男的哩,多半提着鸟笼,捞着钓竿;女的哩,则竖着腰肢,梳着把字头,穿着长袍,靸着没后跟的鞋,叼着长叶子烟杆,慢慢地走着"。咸丰年间的一首竹枝词这样写成都:"鼓楼"西望"满城"宽,"鼓楼"南望"王城"蟠,"鼓楼"东望人烟密,"鼓楼"北望号营盘。可见此时的成都是怎样的城市生活景象。

大城与满城生活的截然不同,也有《竹枝词》为证:"满洲城静不繁华,种树栽花各有涯。好景一年看不尽,炎天武庙赏荷花。"这样相差极大的城市生活是当时的行政管理权限所造成的,一旦这种权限被打破,城市功能的区分也就减弱,如此就使城市迈入到平民时代。

民国二年(一九一三年),拆除满城,与大城合二为一。李劼人先生说:"变得顶厉害的是把一个近二百年的极为幽静的绿阴地区变为个极不整齐、杂乱而不好整理和改建的住宅区。"清代的成都以"三城相迭""两江环抱"为城市格局的独有特征也就打破了。此后,关于清朝的遗迹就逐渐地在成都现实生活中消失。

成都的边界

每当走在成都的街头,陌生感越来越浓。起初,我以为是许久没有走过的缘故,但那只是我的一种错觉。也许只是数个月之前走过的吧。成都变化的速度在加快,已是不争的事实。我曾在一篇文字里讨论过成都街巷的变化:

查查手头的几种资料,这里可看出成都街巷的几许变化,最早的是在一九〇九年至一九一〇年,由成都通俗报社印出、傅崇矩编撰的《成都通览》中,《成都之城内外街巷》条所记录:"成都省城内外街道,据警察之调查,凡五百一十六条。"此前,成都有多少街巷,从相关的记录看,应该比这个统计少一些。

此后的成都街巷数据变化很大。一九八六年出版的《成都城坊古迹考》城内城外九区段,共有干街二百二十九条,支街巷五百〇五条,合计七百三十四条。这个时期的成都,还没重新进行规划。

一九九二年,吴世先主编的《成都城区街名通览》由成都出版社出版,其中的记录显示,一九九一年,成都市区完成地名补差,随后公布的街、路、巷、居民点共有一千二百〇五条。从此时的地图看,二环路外面尚有许多空白地点,许多地方被称为居民点。居住人口还主要集中在一环路以内。

袁庭栋先生的《成都街巷志》出版于二〇一〇年,这本书图文并茂地展示了五百多条成都街巷。他说:"因为本书中除了少数几条新街新路之外,并没有收入在改革开放之后新出现的大量的成都新街巷,主要都是有选择地介绍建国以前就已经存在的、有一定文化内涵的老街巷。"

今天的成都有多少街巷,从百度地图和相关资料显示,成都城区(五城区)的街巷总数字超过了一千五百条。虽然随着城市的规划,一些街巷已消失掉了,但新的街区还在不断形成。现在,这个数字还在变化,随着一些区域的楼盘相继建成,道路的修建、命名也被提上日程。照这样的速度发展下去,相信成都的街巷还会增加许多。

在这些数据中,我们可以注意到,街巷在增加的同时,老旧街巷也在消失。而成都的边界也在无形中发生了诸多的变化。

晚清时,成都的城区尚只是在府河、南河以内,这才是成都的主要城区。如杜甫草堂、武侯祠、望江楼等处也都是城外。再看华西坝的变迁:一九一〇年,美国、英国和加拿大三国的五个基督教会(浸礼会、公谊会、美以美会、英美会、圣公会)在成都"南门外二里许、锦江之滨、南台寺之西选择了据传为古'中园'旧址的风景清幽之地"创建华西协合大学(当时的成都市民都称之为"五洋学堂"),以牙、医为主,文理兼收。其校园囊括从现今一环路到府南河边的全部地界,占地近千亩,号称华西坝(今校园只有原百分之十五),布局清晰宏伟,建筑中西合璧,风格独特。这也说明当时的成都城区不是很大。

那时,是以皇城为主、满城为辅的构造,城市的居住区、商品交易区也都有固定的场所。民国虽然短暂,成都还是初具规模,除了主城区之外,郊区也在逐步形成。这可从成都的城市区划变迁加以佐证:

一九二一年,成都县计划改为成都市,没有实行。第二年,成都、华阳两县合并为市,成立市政公所,县治保留。一九二八年,成都市正式建置,成都、华阳两县的城区部分合并为成都市,成、华两县只辖乡区,成都为省辖市。至一九五〇年,成都市辖区调整为八个。一九五二年撤销成都县。一九五三年,成都辖区调整为五个:东城区、西城区、望江区、龙潭区和万年区。再后来,市区规划多次调整,一九九〇年九月,成都的主城区才调整成今天的规模。城区面积由七十二平方公里扩大到五百〇一点八平方公里。一九九九年,成都总规划面积三千二百六十平方公里。二〇一五年,成都城区新规划中,城市"长大"四百九十三平方公里,面积为三千七百五十三平方公里。这与一九九九年相比,更显出城区扩大的速度加快。

　　成都与其他城市一样,是以环线建设的。但自从建城以来,成都的城区长期仅仅局限于内环居住,简言之,即以两河为界的居住空间。城市空间也多有变迁,比如兴修的楼阁池塘等景观,在不同的历史时期也有变化。至民国初年陆续向外扩展,一九四九年后逐渐有了新突破。成都东西干道蜀都大道、南北干道人民路的相继修通,使城市步入快速发展轨道,而这最快的增长速度是从一九八〇年代开始的。内环之内无法满足居住的条件,就开发出了一环路。一九八六年完成改扩建工程,为双向四车道(无中央隔离带)、主辅分离。此时,成都城区逐渐在增大。二环路的东半环(火车北站到牛市口)于一九八六年与一环路同步通车。城市建设的步伐加快,让原本小城时代的成都不断突破。一九九〇年五月七日,成都市干道建设指挥部召开新闻发布会,宣布:成都市有史以来最大的市政工程——过境(二环)路拉开建设序幕。

　　道路的逐一修建,即预示着居住区的变迁,当年成都最潮的小区——玉林小区,是引领成都时尚生活的,多年以后再走进去,就显得老旧了许多。一九九七年,我刚到成都时,从九眼桥至茶店子或双楠小区,觉得距离十分遥远,但以今天的态势看,也不过是一二十公里的距离吧。

　　随后,三环路修建,绕城高速修建,第二条绕城高速相继修建,成都的半径也在逐渐扩大。可对大多数居住在这座城里的人来说,是不是城市变大就解决了城市面临的种种问题?这当然没有一个最终答案。仅仅就交通而言,二环路快速交通的开通,城市地铁的运行,似乎减缓了交通堵塞的压力。但这个效果却未必显得明显,这当然不是城市的胜利——在城市各类设施无法跟得上的情况下,盲目发展城市,无异于是一种城市自杀的行为。

　　看似成都每天都在发生新的变化,这被专家认为是城市的胜利,是城市智慧的展现。但仔细思考过后,在城市化浪潮中,这样的快速发展,是不是就能让城市建设、生活一直保持这样的速度变迁?很显然不是这样的,城市规划、发展的规律一旦被打破,带来的后遗症就十分明显了。

　　当新的小区不断生长,城市的发展几乎与此匹配,这吸引的不仅是就业人群,也带动了房地产的增长。但房产的无限制增长,却未必是一件好事。比如房屋的空置率一直在增长,这看似城市繁荣的背后,所隐藏的危机并没有受到太多的重视。此外值得关注的一点是,城市生态在这种增长中遭遇破坏,因城市建设的需要,一些较小的河流加盖,成为"暗河",也成为消失的风景。

  城市最重要的是什么?不只是边界的变大或缩小,而是能不能带给居民更为舒适、便捷的生活方式。在这一点上,相对来说,倒是小城镇能让人体味到人情冷暖多一些。

  这里不能不说天府新区的亮相。天府新区的规划于二〇一〇年开始,涉及成都高新区南区、双流区、龙泉驿区、新津县、简阳市,眉山市的彭山区、仁寿县等部分区县,规划面积一千五百七十八平方公里。四年之后,成为国家级新区。二〇一六年五月,资阳市代管的县级简阳市改由成都市代管。这即意味着成都城区再一次拓展。

  成都的边界在扩大的同时,也应引起相应的反思:城市是不是一味变大,就说明城市活力在增强?城市的胜利究竟表现在哪些方面?"宜居"这个词语在今天也变得含义复杂起来,这引起的是对生活质量的关注。比如雾霾锁城,如何破解难题?诸如此类的问题,也正在影响着成都的未来。

二　交通篇

两江铸造成都文明

　　每天在这座生活的城市里漫步,对于乡土文化以及建设有着浓厚的兴趣,在某一条街道上曾居住着怎样的人物,又或者街巷里有着怎样的故事,总是很好奇,但常常是语焉不详。比如说成都城的建造史最流行的说法是,始于秦汉时期,是至今三千年未迁址,两千五百年未改名的城市。

　　早在秦代,"成都"的名称就已频频见诸典籍,在以后两千多年的时间里,尽管成都市区或毁而重建,或扩而新建,也先后被叫做秦城、大城、少城、罗城、皇城、锦官城、芙蓉城、满城等,但城市始终未改名。城名两千多年一直不变,这在中国众多历史文化名城中,这是绝无仅有的。但今天的成都与昔日的成都固然名字没变化,但城市半径早已发生了许多改变。尤其在推进城市化的进程中,成都也在不断生长。

　　关于成都一名的来历,《太平寰宇记》说,是借用西周建都的历史经过,取

成都水环境与地形关系示意图

周王迁岐"一年而所居成聚,二年成邑,三年成都"而得名蜀都。蜀语"成都"二字的读音就是蜀都。"'成'者'毕也''终也'","成都"的含义就是"终了的都邑",或者说"最后的都邑"。成都建于公元前二五六年,得益于使用至今的都江堰水利工程。这只是一种解说,却恰好说明了成都是得水利之便兴盛的城市。

但"成都"一名的由来,还有多种可能性,比如蜀国望帝杜宇造的都城成都之说,取成功、成就、完成的意义。近年成都提出的"成功之都"大概可以溯源于此。《山海经》中有"成都载天之山"的成山,又被称为"成侯之山"。古蜀国成侯称其所居所曰成都,后来由青藏高原逐渐东迁到今天成都的范围内。亦有人认为成都古为巢居氏居住之地。"笼"或"成"为成都古代居住的形式,"都"为水泽会聚之地。又有说是来源于蜀语的译音,"成"为"高原人","都"为地方、地域的意思,其意为杜宇族群是从西山下到川西平原进行农业开发。但也有人认为成都是古代的自由都市,是从"成亭""成市"发展而来的。还有人认为成都是秦灭蜀之后改译的称呼,意为古蜀国"终了的都邑""最后的都邑"。但不管其来源如何,都说明成都这个名字的来源可能是文化、社会多样性的结果。

在文献所记载的成都城史,可上溯到蜀王开明九世,那是在战国时期。再往前,成都的城市究竟如何变化的,也还是一个疑问。但可以确信的是,倘若没有都江堰的修建,就没有今天成都这个"天府之国"。

学者罗开玉先生认为,成都早在商周至战国早期,就已作为一个重要城邑存在。在成都北门羊子山土台遗址下,曾发现过旧石器时代的石器存在,这似只能说明这一时期成都已有人居住。台身底部见方一百〇三点六米,高十米,主要使用土砖修建。据计算,墙的体量为三万一千二百八十四立方米,共用土砖一百三十七万六千四百九十六块之多,再加上夯土,总数为三万五千五百七十四立方米。这是西周、春秋时期最大的祭祀土台。

由此可推测出成都城市的大致情况。王文才《成都城坊考》说:"古代聚邑,每因木栅土垒为垣,形制简陋,故蜀都所在,实无王城可言。"

接着在成都十二桥发现商周时代的大型干栏式宫殿建筑遗址。这一宫室群是由形制不一的大中小型房屋组合而成,主体建筑为一座面积达一千二百四十八平方米的大型干栏式房屋,对木材按需要进行了削平加工。工程复杂宏大,堪称当地建筑史上的精华。在商、西周地层中出土大量的陶器、石器、骨器以及铜器。出土陶纺轮上文字，与所谓"巴蜀文字"不同，与殷墟甲骨文字系统相接近。很显然这时的成都已作为早期的城市形象出现了。

在成都所分布的众多遗址中，普遍采用干栏等竹木结构建筑，另外还有一个显著的特点是，建筑群沿古郫江东、北岸，形成一个半月形。这里需要说明的是，在古代南方，尤其是"西南夷"文化系统的一个重要特征是，作为政治、经济、文化中心所在的城邑，并不像中原文化系统那种土筑的高大城墙，而是利用江河、山寨为界，围以荆棘木栅。罗开玉先生考证，蜀王国时期的重要城邑，皆无城墙，或一二面濒水，或围以荆棘木栅。具体到成都城，西面、南面临水，北面、东面则围以荆棘栅栏。

《华阳国志·蜀志》说："九世有开明帝，始立宗庙，以酒曰醴，乐曰荆，人尚赤，帝称王。时蜀有五丁力士，能移山，举万钧。每王薨，辄立大石，长三丈，重千钧，为墓志，今石笋是也，号曰笋里。未有谥列，但以五色为主，故其庙称青、赤、黑、黄、白帝也。开明王自梦廓移，乃徙治成都。"从此，成都城逐渐形成了。

成都城的西面和南面所依靠的河流是哪两条河？这就牵涉到成都河流的演变史。

学者任乃强说，"秦城"是筑在郫江东北的。李冰凿郫江绕城，以当城濠。当时秦的敌国都在此城西南面，故郫江除舟运、溉灌外，还有护城之用。至于检江，就远在郊外，当时只供灌田和濯锦之用（近城的水污染大不能濯锦）。这也符合秦城的整体规划。

但不管是怎样的变化，所谓的"两河"，并非是今天所看到的府河、南河。在成都的河流历史上，这两条河称为"成都二江"，或是"两江"。在古蜀时代，它们是古府河与古南河，又或者是古油子河与古清水河。在两河之间的垄岗状台地就是今天的成都城所在的位置。此时的岷江进入成都平原后的水流是散漫的，平原一片沼泽，难以农耕。古蜀人自蚕丛、柏灌、鱼凫到杜宇等时代，长时间里的主要是与水患作斗争，在排水泄水、治理沼泽过程中逐渐发展成古蜀国的农耕文明。

在成都的周边分布着新津的宝墩、都江堰的芒城、郫县的古城、温江的鱼凫城、崇州的双河和紫竹等六座古城遗址，从其地理位置来看，他们虽是成都地区人群早期活动所在地，但都是处在变动之中，这大约跟当时的水患有关。这个迁徙的过程无疑也是成都先民对水的认知加深的过程。最终，成都先民还是选择了在成都扎根居住,并将成都建成西南地区的中心。这个过程是缓慢的。

成都在张仪筑城以后,很显然也常常受到水患的威胁。李冰执守蜀郡(公元前二七七年至前二三八年)时,大兴水利,搞城市建设,除了创建都江堰外,还疏通成都"两江"、建两江七桥,开石犀溪,把成都"市"南移于郊外"两江"之间及检江南岸,这一下成都有了六百多年的"二江珥市"的城市格局。

司马迁曾论述两江及其分渠说:此沟皆可行舟,有余则用灌浸,百姓飨其利。这两江不仅有此作用,也有城市保卫功能,同时也使城市居民生活有了保障。

石犀溪是新修建的一条人工河,有贯穿、沟通"两江"的功用。根据此时的城市发展规划,"市"已从城内迁到城外"两江"之间,石犀溪由西北而南,经过规划中的"市"的中部。如此,这条河流就又可满足"市"的长远发展。《成都通史》说,石犀溪的北口从西胜街的西口下同仁路南口的市桥下不远处分出郫江水,向南经过今天的方池街、南较场、五〇二厂大门附近,偏入检江。一九九〇年,方池街考古发现石犀溪遗址、竹笼遗迹及用卵石砌得很规整的引水小溪(宽约一米)遗址;一九九一年,在君平街、包家巷一线发现古溪流遗址,河床宽达十四五米,专家推测这就是石犀溪的遗址。

正是因为成都地方官员注重城市规划的科学,利用地势建设街巷,城区分工也才得以有序进行,才有了后来的"天府之国"。

"两江"铸就成都文明,这与世界地理上的诸多两江文明是相吻合的。作为城市的建设,成都所经历的过程,有着怎样的规划,于今多已不详,但从当初的城区分布看,大致我们能够看到,当地方统治者将城邑选择在成都建设以后,开启了成都三千年的文明史。

两江之上的古桥遗韵

在经历过李冰治水之后,成都的城市发展也就形成了扬雄在《蜀都赋》中的"二江珥其市,九桥带其流"的城市格局。"珥"就是戴着的耳环,"市"就是集市贸易的商业圈。汉代成都最著名的"市"是在城区的西南角,即李膺《益州记》里的府市和州市。这些地方位于市桥和笮桥之间。成都人到这个商业圈需经过

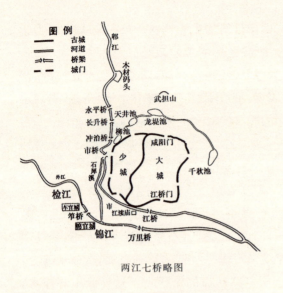

两江七桥略图

桥才能抵达。那时,两江之上共有七座桥,这是李冰创造性的城市建设。

清时吴好山有竹枝词记成都七桥:"建昌万里禅尼外,安乐升仙与笮桥。更像永平求故实,七星无复是秦朝。"而最早记录成都七桥位置及名称的文献,是晋常璩《华阳国志·蜀志》:"李冰造七桥,上应七星。"然而记录这个的时代距离李冰有五百多年了。有意思的是,这七桥的桥位与天空中的北斗七星相似,既富有神秘色彩,又使人难忘,因之对成都人来说,这七桥是成都最久远的记忆。

在早期的城市决策者看来,城市规划与占星学、风水学有着密切的关系。因之,董仲舒《春秋繁露·顺命篇》说:"天者万物之祖,万物非天不生。"地上的建筑物包括城市都与此相关,才能求得吉运。

罗开玉先生在谈到七桥时说:"战国秦汉间的五行思想流行把神秘数字与五行、方位、家人、城邑,甚至与国运相联系。"这"两江"与"七桥",是"二与七为朋,居南方"的具体表现。李冰还计划利用天人合一的风水观念治蜀:"善言天地者以人事,善言人事以天地。"此外,两江上的七桥,还具有"关锁"之意,欲将吉气、旺气、财气留在成都。但不管如何,这七桥的来历总不是随意就兴建的意思。

枕山、环水、面屏,是古代城镇风水理论的重要模式之一。成都城经多次兴废、扩建、变革,都与此有着密切的关系。

郦道元在《水经注》里记录下了七桥的情况:西南两江有七桥,直西门郫江上,曰冲治桥,西南石牛门曰市桥,吴汉入蜀,自广都令轻骑先往焚之。桥下谓之石犀渊,李冰昔作石犀五头,以厌水精,穿石犀渠于南江,命之曰犀牛里,后转犀牛二头,一头在府市市桥门,一头沉之于渊也。大城南门曰江桥,桥南曰万里桥,西上曰夷里桥,下曰笮桥。南岸道东有文学,始文翁为蜀守,立讲堂,作石室于南城。永初后,学堂遇火,后守更增二石室。后州夺郡学,移夷星桥南岸道东。道西城,故锦官也。言锦工织锦,则濯之江流,而锦至鲜明,濯以他江,则锦色弱矣,遂命之为锦里也。蜀有回复水,江神尝溺杀人,文翁为守,祠之,劝酒不尽,拔剑击之,遂不为害。江水东径广都县,汉武帝元朔二年置,王莽之就都亭也。李冰识察水脉,穿县盐井,江西有望川原,凿山崖度水,结诸陂池,故盛养生之饶,即南江也。又从冲治桥北折曰长升桥。城北十里曰升仙桥,有送客观,司马相如将人长安,题其门曰:不乘高车驷马,不过汝下也。后人邛蜀,果如志焉。李冰沿水造桥,上应七宿,故世祖谓吴汉曰:安军宜在七桥连星间。汉自广都乘胜进逼成都,与其副刘尚南北相望,夹江为营,浮桥相对。公孙述使谢丰扬军市桥出汉后,袭破汉,坠马落水,缘马尾得出,入壁。命将夜潜渡江就尚,击丰,斩之于是水之阴。江北则左对繁田,文翁又穿湔以溉灌繁田千七百顷。湔水又东绝绵洛,径五城界,至广都北岸,南入于江,谓之五城水口,斯为北江。江水又东至南安为壁玉律,故左思云东越玉津也。由此可知成都七桥的大致位置:郫江之上共有五桥,郫江包围成都城区之西面及南面大段,而流江上仅有两桥。至汉代,七桥演变成两江九桥。

冯汉骥教授曾记王建永陵:"出南门为江桥(员星桥),过江桥即万里桥(长星桥)。郫江,江桥所跨。万里桥跨外江(流江)与江桥相值。沿江桥西上为市桥(玑星桥)。渡市桥南跨外江者曰夷里桥(夷星桥),此南面两江之四桥也。出西门曰冲治桥(冲星桥),再西北曰长升桥(尾星桥),再西北曰永平桥(曲星桥),此西面郫江上之三桥也。"据以上,是郫江上之员星、玑星,与流江上之长星、夷星,组成象征北斗之斗勺,更由郫江上之冲星、尾星、曲星作为斗柄,北斗七星于以形成。"此桥名虽不尽相同,大致可以看出其流变。

这里且看长星桥:长十余丈(约三十四米),高三丈(十米),宽一丈五尺(五米),七孔石板桥,势如饮虹,当时名"长里桥"。《华阳县志》记,桥下有一笃泉,故又名"笃泉桥"。万里桥故址即今老南门大桥,在成都历史上,这座桥是成都名桥,文人雅士所写的诗词歌赋很有不少,如岑参《万里桥》:成都与维扬,相去万里地。沧江东流疾,帆去如鸟翅。楚客过此桥,东看尽垂泪。这里的维扬即扬州。吕大防《万里亭》:"万里桥西万里亭,锦江春涨兴堤平。挐舟直入修篁里,坐听风湍彻骨清。"盖唐宋时,成都人出行,多从万里桥码头上船,古为送客饯别之地,酒家特多,商贸繁荣,这可以说延续了旧时长星桥的余韵。

现在所知最早索桥是笮桥,它建于秦李冰任蜀守之前(公元前二五一年),距今二千二百余年,跨城南面的流江,又名夷星桥,是当时按北斗七星形状建成的七座桥中的一座。西汉王褒在《益州记》中载,笮桥在司马相如宅院南一百步,建造时用三个大铁锥来系桥柱紧竹索(现今铁锥仅有两个)。《晋书·桓温传》记载,永和三年(三四七年)桓温伐蜀进攻成都时,曾与李势战于笮桥,可见,时隔近六百年后,笮桥仍在。至宋代,陆游有诗《看梅归马上戏作》:"平明南出笮桥门,走马归来趁未昏。渐老更知闲有味,一冬强半在梅村。本为梅花判痛饮,却嗅梅香消宿醒。日欲落时始上马,青羊宫前闻发更。"此时笮桥已非昔日的竹索桥了。

不过,学者任乃强考证,蜀时不曾有桥,河济平流时用舟渡,渡险溪用溜索。蜀地修木桥是从李冰开始的,修石桥是唐代开始的。这也是成都两江之上的桥梁流变。

流江是从都江堰流下来的河流,水质最佳,蜀锦织成,在江中漂洗后锦色更鲜。这才有汉代在笮桥南岸设立"锦官城"管理织锦手工业。到了唐代,这里又为居民制造彩笺的地方。这也就是后来成都西南至杜甫草堂前一段江流称为浣花溪的由来。

七桥的名字并非是固定不变的,《益州记》云:"一长星桥,今名万里。二员星桥,今名安乐。三玑星桥,今名建昌。四夷星桥,今名笮桥。五尾星桥,今名禅尼。六冲星桥,今名永平。七曲星桥,今名升仙。又冲星桥,市桥也。"由此可见,除了名胜之外,七桥就是成都的地标。晚唐时修筑罗城时,郫江改道,江上五桥遂被弃置。这些桥记载了成都人的城市地理和文化,只能供后人加以凭吊了。而唯一在今天可看到的就是万里桥了。

成都城除了两江之外,还有四座因修城而挖的池塘。城北为龙堤池,其具体位置在今市内青龙街一带。魏晋以来即相传,扬雄故宅就在池畔。龙堤池也被人们认为是扬雄的洗墨池,简称"墨池"。又,城东千秋池,西有柳池,西北有天井池。"津流径通,冬夏不竭。"这一时期的成都水系发达,也是可以想见的。

汉代成都城区并不大,东部是大城,为官府区,西部小城,为居民生活区,我们可以设想正是由于这样的居住和商业的分离,两江之上的七桥带给成都人的是生活便捷,两江沿岸构建的都市生活,凸显出成都城市管理者的智慧。在《蜀都赋》中,可看到西市和南市所构成的商业圈,使成都在全国众多城市中脱颖而出。七桥如今俱已消失,但从旧日文献中我们可以感知其应有的温度,也正因如此,这古桥遗韵成为成都城市文化的一部分,已深深地融入到成都人的生活当中去了。

文翁治水兴蜀

成都是因水而生的城市。二十世纪八十年代,四川首席水利专家熊达成教授曾概括成都兴衰的历史规律说:"成都兴衰皆由于水。成都因水而生,因水而兴,因水而荣,因水而困。"谭继和先生曾总结成都历史上有四次重大的治水业绩:其一是先秦鳖灵治水时期,其二为秦朝派李冰来蜀治水兴蜀,第三次治水发生在西汉文景之治时期,最后一次的治水则是晚唐的高骈治水。有意思的是,学者祁和晖认为,四次重大治水之期正是蜀都四次经济文化飞跃拓展的提升之期。

公元前三一六年,秦灭蜀,欲开发巴蜀为秦国争夺天下的后方基地,先派张仪、张若来蜀仿效秦都咸阳筑成都城。继派李冰来蜀治水,开发农业。秦朝以耕战立国,秦国本土仅八百里秦川富沃,仅凭八百里秦川而想安享天下是不行的,故须开发成都平原之沃野千里。要使这千里平原成为粮仓,必须治水。李冰治水业绩有二:一是在岷江冲出高山峡谷的"瓶颈口"筑都江堰,将野马似的岷江"管制"起来,变害为利。二是穿二江(郫江、检江)流成都城中。此次治水极大地扩展了成都平原的农业经济规模,为蜀都的经济文化飞跃奠定了基础,又为新兴大都会成都城市文明的发展提供了保障。

不过,大秦帝国并没有想象的那般强大。在与项羽争夺战中,萧何帮刘邦定下了"收用巴蜀,还定三秦"的策略。随后,蜀地的大量粮食、物资转运出去,补充了刘邦的军需,使其进军没有后顾之忧。公元前二〇五年,黄河流域发生特大干旱,关中一带每斗米涨到五千文铜钱(在丰收年景只卖到几十文,不超过一百文),民不聊生,于是就有大批饥民转移到了巴蜀之地。

汉武帝时,成都被定义为西南地区的国家中心城市,因之,大量的官员、军队进入成都,成都城已是满足不了需求。元鼎二年(公元前一一五年),朝廷下

文翁像

令重筑成都城。按照城市规划,重筑之城,将秦时少城、大城等全部包括在内,又继续向北、向东扩展。扬雄在《蜀都赋》里写道:"都门二九,四百余闾。两江珥其市,九桥带其流。"这是汉时成都城的状况。

曾在成都生活近四十年的英国传教士陶然士在写到这一时期的成都历史时,是这般形容的:"山上覆盖着茂密的原始森林。老虎因过于自由而给人们带来威胁。人们的习惯和嗜好同今天还是一样的。住木架子房,穿着飘逸的长袍相互鞠躬问候。他们的帽子有所不同的,但所穿鞋子的细节还是一模一样的。蜀人的矮种马还是跟现在对马儿一样小,他们以在崎岖的道路上能如履平地而闻名。拴狗的方法还是拴在颈部和胸部,为了取悦人,狗还是同样摇晃着卷曲的尾巴。虽然容器、盘子、罐子等形状各式各样;但是他们的后代仍然还是用锅来煮米饭,喜欢用姜作为调味品,探测城下一点八米的土壤,显示他们的食谱里有羚羊肉和野猪肉。主要燃料是木炭。"除开了些许想象成分,可以说这是成都城市的写照。

西汉初年,蜀中初定,战乱的破坏,加之前几任的蜀守缺乏管理才干,致使此时的成都经济疲敝,乃至于出现社会动荡的情况。

在西汉景帝末年,朝廷派文翁为蜀郡太守。文翁(前一五六年—前一〇一年),名党,字仲翁,庐江舒人(今属安徽舒城),西汉循吏。汉景帝末年为蜀郡守,兴教育、举贤能、修水利,政绩卓著。文翁到成都上任的第一件事就是治水,《华阳国志·蜀志》里说,"穿湔江口,溉灌郫、繁田千七百顷"。

很显然,文翁的到来就是临危授命,来蜀郡收拾烂摊子的。于是,文翁先是考察成都城区的情况,如此之后即率领人民群众在一百年前李冰治水成果的基础上,疏通河道:在今天的都江堰市东门外分湔江水东北流而过蒲阳镇(即穿湔江口),转而东南入彭州地界,至丽春乡境与青白江会合,使彭州及新繁过去未能受益的地区,也可享受都江堰之利而能够"水旱从人,不知饥馑"。

在文翁的治理下,成都的城市、社会面貌焕然一新,史称"世平道治,民物阜康"。

随着蜀地的经济与社会秩序走上正规道路,文翁就因势利导,在社会上兴起办学之风。文翁在大城的南边(城外)划出一片土地出来,"立文学精舍,讲堂作石室"。学校之所以要建成石室,那是因为学校有藏书。这就涉及古代藏书的保存方式,为了便于防火,常常是以石料筑室。今天的石室中学就是在文翁当年的石室旧址上兴建起来的,这也是成都人对文翁的致敬之作。

石室所招收的第一批学生,是就近在郡县机关里选拔出来的十几个年轻而又聪明勤奋的小吏,文翁亲自鼓励他们学习。同时,他又把官府经费节省出一部分出来,派遣他们到首都长安,向那些太学里的博士经师们求学。此外,他还置备蜀地特产,如有环"金马书刀"(作马形于刀环内,以金镂之)及细密的蜀布,委托去朝廷汇报工作的官员带进京赠送给博士,嘱托他们认真教授这批蜀中弟子。几十年之后,头一批学员张叔等学成归来,取得了很大的成绩。文翁根据他们的学识与才干,安排到重要的岗位上历练,有些人还提升了官职,后来成为有用之才,一直升到郡守和刺史也是有的。

数年之后,成都的青少年们都"争欲为学官弟子,富子至出钱以求之"。接着,他又在成都新修学宫,招收下属各县的子弟前来读书。他又制定奖学政策:凡是学员,可以免除自身的一切劳役,学习成绩好的还可以到衙门里任职。如此一来,蜀郡的学风就真正地树立了起来。

在成都的北郊曾发现一块汉画像砖,是幅石室讲经图。老师头上方格形器物,应是用来挡灰的"承尘"。下面席地上环坐着六个学生,双手捧着竹简,正凝神静听老师的讲学。在右角那个学生腰间挂着书刀,用来削去简册上的错字。

史料记载,"蜀地学于京师者比齐鲁焉";于成都"修起学宫",为最早的地方政府学校;选下县子弟"以为学官弟子",

汉画像砖石室讲经图

为设置官学生之始;选拔学习成绩"高者,以补郡县吏,次为孝弟力田",为据儒术遴选官员之发端;"从学官诸生明经饬行者"与他一道"使传教令",使民羡慕,以激起巴蜀士民向学之风。

宋时有《汉文翁学生题名碑》记:"凡一百有八人。文学、祭酒、典学从事各一人,司仪、主事各二人;左生七十三人,右生三十人。"欧阳修曰:"文翁在蜀,教学之盛,为汉称首,其弟子著籍者,何止于此?盖其磨灭之余,所存者此尔。"其办学规模远超中央太学。

杜甫曾有诗句:"诸葛蜀人爱,文翁儒化成。"可见文翁兴学的影响是怎样的深远。

文翁的治水兴学,让成都在经济文化上得到长足的发展,从此才有了蜀学的诞生。其最直接的影响是,为司马相如、王褒、扬雄等一批成都培育的大赋家的成长铺垫了社会条件和物质基础。

南方丝绸之路

成都的经济与社会地位的确立,早在秦汉时代就已完成。那时它是仅次于长安、临淄的第三大都市了。由于成都平原经济发达、物产丰富,具有得天独厚的自然条件,因此成都在当时已是我国西南最大的经济中心,初步具备了国际市场的物质基础。这样说还有一重原因,西汉初年,北方匈奴势力膨胀,威胁西汉帝国的西北边陲,一度遮断了中国与西方往来的"丝绸之路"。汉武帝在加强兵备,"专力事匈奴"的同时,又命张骞"因蜀、犍为发间使,四道并出"。此举虽未直接打通南方线路,却促进了成都与南亚诸国的贸易发展。

南方丝绸之路也被称为"身毒道",或"蜀布之路",是一条起于成都,经云南到达身毒(印度)的重要交通线,总长两千公里,在汉武帝通西域前便

南方丝绸之路川内部分线路示意图

早已存在,是中国最古老的国际要道之一。

这也可从《史记》等文献的记载中看到,张骞奉命出使西域时,曾在大夏(今阿富汗)见到从身毒(印度)贩运过来的产自四川的邛杖和蜀布,并认为应存在一条从成都平原到南亚、西亚的道路。这是关于南方丝绸之路最早的文献记载。

四川大学城市研究所教授何一民认为,这条交通道路的出现至少可追溯到三千多年前的三星堆、金沙时期。"越南北部东山文化遗址出土的凹刃玉凿、领玉璧、玉璋等,都与三星堆、金沙出土物样式一致,而三星堆也出土了大量来自印度洋的海贝。凡此种种,我们不难发现,古蜀国其实很早便与域外通过一条道路发生联系,这条道路的开拓,比汉武帝通西域要早上千年。"

考察南方丝绸之路的路线图,可以确定为有西、南二路。其中的西行路线:成都—雅安—西昌—大姚—永昌—八莫(缅甸)—印度、中亚;而南行路线图则为:成都—宜宾—高药—昭通—昆明—弥勒—文山—河内。

南方丝绸之路上所运送的货物,是四川的特产,这包括蜀锦、蜀布、邛竹杖、枸酱、铁器等等。何一民先生认为,"像蜀锦这样一种对成都城市发展影响深远的产品,可以说是绝无仅有。无论是在北方丝绸之路、海上丝绸之路,还是在南方丝绸之路,蜀锦都起到了支撑性作用。成都通过蜀锦不断与世界进行着对话,如果说三星堆、金沙展示的是成都远古的神秘一面,蜀锦则体现了成都这座城市的开放包容与勇于创新"。这样的论说却并没有在学界引起多大的反响。

美国一本学术性刊物《全国地理》杂志,于一九八〇年三月刊登了一篇惊奇的考古报道:联邦德国有一批考古学家,曾在斯图加特一个叫霍克杜夫的村子里,发掘了一座古墓,用现代技术测定,它是公元前五百多年的墓葬,墓中人已化为枯骨,但骨骼上还覆盖着一层纺织品残片。经考古学家运用各种先进的科学方法测析鉴定,得出一个很有价值的结论:死者覆盖的纺织品残片,竟是用中国丝绸制作的衣服。可以推断:中国丝织品早在北丝路开发前两个多世纪就已成为西欧日耳曼民族上层的殉葬品。而这丝织品也被有关学者认为是蜀锦。

蜀锦的辉煌与成都汉唐盛世一脉相承。这个历史其实还可以往前延伸,西汉时期,成都常住人口达七点六万户,是当时全国六大都市之一,有"列备五都"之誉。唐宋时期,成都经济达到顶峰,又有"扬一益二"美誉。蜀锦见证了成都的繁荣历史。汉代成都作为长江流域的织锦中心,与黄河流域织锦中心的襄邑齐名。三国时期，成都织锦业超过襄邑，成为当时中国乃至世界最大的织锦中心，这一地位延续千年并一直保持到南宋时期。

在何一民先生看来，成都蜀锦的历代繁荣与成都的开放状态是紧密相连的。"天府之国的自然地理环境为采桑养蚕提供了优良条件。再加上秦汉时期从中原和荆楚地区几次入川大移民带来的技术，促进了成都织锦技术迅速提升。因此，天回老官山提花织机的出现，是非常自然的。"他同时还认为，三国时期，诸葛亮通过鼓励种桑、提升技术、国家管理等多种形式，奠定了成都蜀锦一枝独秀的地位。唐代，织锦纹样设计家窦师纶在成都任大行台检校修造时，为蜀锦创新设计了"陵阳公样"，堪称对称纹结构的典范，曾引领纺织潮流，不仅在国内流行，在国外也深受欢迎。"蜀锦的这种开放姿态，体现了成都这座城市的开放与包容。通过蜀锦，成都印证了自己作为开放之都、生产之都、创新之都、成功之都的事实。"

张骞所见的"蜀布"，在有关专家看来，应该是一种由牡麻织成的黄润细布。而 Haraprasad Ray 在文中则认为，印度阿萨姆人所称的"蜀布"应该是来自东方的丝绸，而且专指来自蜀地的丝绸。

至于铁器的生产，则是以邛崃为核心的冶铁生产区域。古代临邛产铁，早在战国时就有冶铁业，《史记·货殖列传》载，秦始皇鼓铸，运筹策，倾滇蜀之民。又程郑"亦冶铁，贾（雇用）椎髻之民，富埒卓氏，俱居临邛"。卓、程二家将中原的先进冶铁技术带到四川使四川成为古代铁器生产的重要基地之一。临邛在两汉时期都设有铁官，可见其冶铁业之发达。直至唐宋，临邛仍出铁。其悠久的历史，留下了许多铁遗址。

邛竹，《史记·西南夷传》载："自滇以北，君长以什数，邛都最大（即今西昌西南）"。《图经》谓："山曰邛崃，水曰邛水，民曰邛民，毛曰邛竹矣"，《正义》曰："邛都邛山出此竹，因名邛竹，节高实中，或寄生可为杖"。西晋左思所著《蜀都赋》称"邛杖"（邛州出产的竹杖）。这些邛杖远销身毒（印度）、大夏（阿富汗）、掸掸国（缅甸）以至大秦（罗马）等的欧洲国家，也是作为一种"文化、宗教、信仰、风俗的传播"。

沿着南方丝绸之路，把成都的物产贩运出去，这一路上又有怎样的故事？今天虽看不到相应的记录，但由丝绸之路的艰辛不难想象南方丝绸之路的状况。

此外，从古今留下的历史记录中所流露出来的碎屑却足以让我们看到成都这种城市与世界交流的方式是多元的，而这带给成都人的生活方式也就耐人寻味：一方面休闲地生活，另一方面积极地生产出与时代接轨的产品。

南方丝绸之路是自成都出发经川西南至云南，连接中亚、南亚、西亚而达欧洲的古代贸易和文化交流的通道。这条道路不仅促进了两地的经济文化发展，同样给成都人的生活、经济注入了新的活力。

成都商道

司马迁在《货殖列传》中说："汉兴，海内为一，开关梁，弛山泽之禁，是以富商大贾周流天下，交易之物莫不通，得其所欲，而徙豪杰诸侯强族于京师。"这是秦汉统一之后的商业场景。但在此之前，却又是怎样的呢？

巴蜀地区早在商代以前就已开始商品交换活动，在商周时期出现了集市，春秋时期扩大了同周边地区的通商往来。从金沙遗址和三星堆出土的诸如中原文化、濮越文化、荆楚文化乃至于西亚、地中海、爱琴海文化等诸多的出土文物中，我们可以窥见巴蜀地区对外商业活动的广度和深度。

陆路的开拓，集中在栈道的修凿。春秋时，成都人开辟了川陕间穿越秦岭的栈道，即褒斜道，其路线是从眉县入斜谷，翻越分水岭，沿褒谷至褒城。然后进入石牛道（金牛道），从勉县西南行，越棋盘岭进入四川，经广元朝天驿，进入嘉陵江河谷。栈道于悬崖绝壁凿孔，嵌入木梁，辅以木板，故又称"阁道"。此外就是水路的交通，经过整治的河道，岷江、沱江均能行舟。此时的蜀国造船技术精良，《淮南子·俶真训》说，蜀艇与越舲齐名，蜀地有舫船，可将两船相并，使其增加平衡和载重力。秦武王三年（三〇八年），司马错伐蜀，曾在蜀造"大舶船万艘"。这无形中使成都与长江下游地区有了更多的商业往来。

南丝绸之路，由成都分东西两路入云南、缅甸直至印度，进而远达中亚和欧洲的商路，在公元前四世纪时就已开通。

"秦并六国，自蜀始。"为什么会有这样的策略，那是因为蜀地有着非常丰厚的物产，足以支撑秦时的物质需求。然而，正是这物产丰富，促进了成都商道的延伸。

一九九四年老南门大桥,这里古代聚集了众多的商家
(图片来源:冯水木)

秦统一巴蜀之后,即大修北通关中的栈道,南通云南、贵州的五尺道,疏通岷江险滩,方便了交通运输。《华阳国志·蜀志》载,公元前二八〇年,"司马错率巴蜀众十万,大舶船万艘,米六百万斛,浮江伐楚,取商於之地为黔中郡"。

随着大量秦民的移入,以及中原先进的耕作技术的传入和铁器的广泛使用,巴蜀地区的农业生产迅速发展,进而刺激了灌溉排水、航运通商和城市营造对大型水利工程的需求。简言之,这也带动了成都商业的发展。

《华阳国志·蜀志》记录了蜀守李冰治水之后的商业路径,"穿郫江、检江,别支流双过郡下,以行舟船。岷山多梓、柏、大竹,颓随水流,坐致林木,功省用饶;又溉灌三郡,开稻田。于是蜀沃野千里,号为'陆海'。旱则引水浸润,雨则杜塞水门,故记曰:水旱从人,不知饥馑,时无荒年,天下谓之'天府'也"。

"水运系乎国运。"由于水路的通畅,成都商道多元而又动态,对外贸易南部则远达云南,乃至于越南、印度。公元前一二二年,张骞奉命出使西域,看到从印度输入的四川蜀布和邛竹杖,得知四川商人早已从云南经缅甸到印度去从事贸易活动。

内地城市如成都这般的商业贸易,也还是不多见的。关于成都商道,学者袁庭栋认为,古时主要的努力放在北面和南面,其理由是东面虽有巫山,但有长江,还有大溪与清江的水运交通存在。而西面有大山,也有几条河道可通,古时与西面的经济文化交流也不多。这后一项实则是忽略了商道如松茂古道的存在。

《汉书·西南夷志》亦有相关的记载:"巴蜀民或窃出商贾,取其笮马、僰童、髦牛,以此巴蜀殷富。"

汉初,由于巴蜀地区被视为是"王业所兴"之地,成为皇家的直接统治区,刻意经营。同时实行休养生息政策,并继续迁徙民众入蜀,促使巴蜀地区经济文化迅速发展,一跃成为全国经济最发达的地区之一。

成都的商道随着历史的演变,逐渐形成有序的商业交易活动。南有丝绸之路,西有松茂古道,连通成都与藏区,乃至于更远的商业贸易,北则是通过几条谷道(故道、褒斜道、骆道、子午道)进入关中,乃至于中原,东则沿着岷江、长江而下,以至武汉、南京、苏杭。唐朝时,客、货船可以从成都出发,沿岷江进入长江,直到扬州,整个城市呈现一派蓬勃的生机。这样的便捷商道,刺激了成都商业的发展,从而使成都经济更具活力。

手工业的兴旺,商道的畅通,同样刺激着成都的城市发展。为了满足城市的功能需求,也就需不断地对城市进行规划和建设,设置大城和少城如此,设置南市更是如此。

从秦汉以下,每个王朝都非常注意成都的经济发展,不少时候甚至提到国家战略的高度。但仅仅是官方的重视,倘若没有适宜的商道存在,成都就不可能得以长期繁荣下去。

在南北朝时期,整个国家处于战乱和分裂当中,原来的中西交通、商贸大道丝绸之路被阻断。但成都却成为东晋南朝与西域往来的主要通道。

这条商道由西域通过焉耆到鄯善(今新疆若羌),越阿尔金山口,进入吐谷浑境的白兰地区,再东南行到今天的松潘而后进入益州。不少胡人来往西域与巴蜀之间经商,有的还定居成都。《隋书·儒林传》记录,曾任国子祭酒(相当于今天的北大校长)的何妥的父亲是西域胡人,因通商入蜀,定居郫县,为益州太守、武陵王萧妃做事,因善于经营,获得丰厚财富,被时人称为"西州大贾"。

只是历史尚无记载,成都的城区建筑是不是也会因胡人的定居,出现西域风格的院落、建筑。不过,这也恰好说明成都得益于商道持续经营所呈现出来的城市生活是丰富多彩的。《华阳国志》称蜀人:"尚滋味","好辛香",有或者是"君子精敏,小人鬼黠","土地沃美,人士俊乂"(《水经注》)。稻作较黍作更为精细,是精致农业,蜀人的"精敏""鬼黠"品性,油然而生。

《新唐书·地理志》载:天宝年间成都府有十六万九百五十户,九十二万八千一百九十九口,估计市区约十万户。成都城内有东、西、南、北市等经常性市场,还有花市、蚕市、药市、灯市等专业性、季节性市场。此后还出现了夜市,城乡结合部出现定期的集市贸易,时称草市。成都的城市空前地繁荣。

李白所感叹的"蜀道难,难于上青天"、"不与秦塞通人烟"在客观上并不存在。

闲雅成都

旧时这里可以通航,现在早已断航了

隋唐至两宋时的成都,水路交通四通八达。杜甫有诗"门泊东吴万里船","吴盐蜀麻自古通,万斛之舟行若风",岑参的"成都与维扬,相去万里地。沧江东流疾,帆去如鸟翅",都说明了成都水路的畅达,达到一个历史的新高峰。陆路也有了进一步的拓展,由成都经临邛入南诏而至天竺的商道,自西晋以来阻塞的交通又得以畅通。

陆路则有川陕干道,这是当时成都与相继作为京都的长安、洛阳、汴梁等城市进行政治、经济联系的主要通道。冯汉镛先生曾考证,香药仙茅生西域,从武城(甘肃武山),取到成州(甘肃成县)或阶州(甘肃武都)运来成都。珍珠、蛤蚧从西域入玉门、阳关,南至大积石山,顺岷江河谷进入成都。在五代时,这条通道曾因战争原因一度中断。宋黄休复《茅亭客话》说:"商旅聚徒而行,屡有遭博噬者。"到了宋代,则恢复了川陕道上的商贸功能:"岁贡纲运,使命商旅,昼夜相继,庐舍骈接,犬豕纵横,虎豹群盗悉皆屏迹。"

元明的商道更趋完善。尤其是进入藏区更为便捷。《成都通史》:"这一发展不仅使唐宋入藏路线得以承袭、改进,而且更重要的是深入藏区,驿站与军政管理得以加强;南路从四川进藏路线的发展,逐渐取代由甘肃请改入藏的主要地位,明中期以后成都遂为入藏交通主要驿路的新起点。"诚然,这条道路无疑也是商贸的主干道。

正是得益于商道的不断拓展,成都才一直成为繁华的都市。随着交通工具的改变,到了近现代,因水而兴、因水而荣的成都,面临因水而困、因水而危的窘境。以成都的母亲河府南河为例,上世纪五十年代以来,由于城市人口迅速增长,工业经济高速发展,特别是都江堰灌区的急剧扩张,岷江水源大量外调,府南河的水量锐减,水质变差。

随后,锦江断航。成昆铁路、宝成铁路的开通,使成都商道也发生了巨大的变革。但不管怎样,成都这座城市以独特的商道运行着,虽然有时看上去落伍,有时看上去新潮,但这商道正是使成都成为成都这座城的道路吧。

摩诃池记事

成都旧迹早已在历史上消失之处众多,特别是园林胜景,一遇到战乱或火灾,就难以保存下来,有时为了城建的需要也会毁坏旧迹。这在摩诃池上也大致可看得出来,其兴衰史正是成都城市的变迁史的一部分。

摩诃池的存在,并不是偶然因素,而是修筑城市工程时所挖出的池塘,但其位置独特,加之受到文人雅士的重视,自然是非同一般的池塘,如此才有了其辉煌的地位。才女诗人薛涛有《摩诃池赠萧中丞》:"昔以多能佐碧油,今朝同泛旧仙舟。凄凉逝水颓波远,惟有碑泉咽不流。"可见摩诃池一时风貌。

唐时的中央公园

二〇一四年五月二十四日,四川成都体育中心南侧的一处工地里,工人发掘出一段超过七米深的沟壑,沟壑两侧是散落的石块、砖块,还有用于堆砌城墙的红色方条石。据考证,这个沟壑在古代成都皇城坝中曾闻名一时,它就是始建于隋朝的人工湖——"摩诃池"。

摩诃池,成都这个曾经的中央公园再次引起世人的关注,这也不妨成为研究成都城市变迁的一种可能,成都细微的变化或许能从摩诃池开始。

唐人卢求《成都记》载:"隋蜀王秀取土筑广此城,因为池。有胡僧见之曰'摩诃宫毗罗'。盖摩诃为大,宫毗罗为龙,谓此池广大有龙,因名摩诃池。"由此可知,摩诃池最早出现在隋朝。这是五八六年修筑隋城的事。

史料记载,摩诃池形成初期,杨秀在其上还建造了散花楼,用来游宴取乐,这是成都第一次出现散花楼,李白曾在诗中所写到的也是这个地方。

唐代,成都的城市水利得到全面发展,唐德宗贞元元年(七八五年),节度使韦皋开解玉溪,并与摩诃池连通;唐宣宗大中七年(八五三年),节度使白敏中开金水河(禁河),自城西引流江水入城,汇入摩诃池,连接解玉溪,至城东汇入油子河(府河)。清李元《蜀水经》里记载,流江"又东为金水河,入成都县城,汇为摩诃池,又东酾为解玉溪,又东穿华阳县城而出,入油子河"。从而构筑了成都城市水利设施完整的河湖水系,为摩诃池注入了充足水源与盎然生机。

到了前后蜀,摩诃池就不再是众人都能够游玩的场所了。永平五年(九一五年),前蜀皇帝王建修建新皇宫时,将摩诃池纳入宫苑,改名龙跃池。王衍继位后扩建皇宫,为龙跃池注入活水,改名为宣华池,环池修筑宫殿、亭台楼阁,其范围广达十里。蜀主孟昶的爱妃花蕊夫人在《宫词》中,形容这里"长似江南好风景""水心楼殿盛蓬莱"。

五代到两宋,摩诃池的水源逐渐枯竭。明洪武十八年,蜀王朱椿将大半个摩诃池填平,于后蜀宫殿旧址修建蜀王府。发掘现场,还能够看到明末的一段"踏道",经过这段两米宽的青砖路,就可以来到池边乘船。

摩诃池一直是游玩之地,闻名一时,众多文人骚客到此玩赏。明末清初,蜀王府毁于战乱;清康熙四年(一六六五年),于蜀王府废墟上兴建贡院,西北隅仍残留少许水面;民国三年(一九一四年)才全部填平作为演武场。至此,历时一千三百余年,令唐代诗人武元衡"爱水看花日日来"、南宋诗人陆游"一过一销魂"的"摩诃大池苑"消失殆尽,无迹可寻,为后人留下无尽惋惜和绵绵思恋。

诗词里的摩诃池

到了唐代中叶,摩诃池成为了成都著名的风景区,不管是文人雅士还是凡夫俗子,都爱到此游览。这以后,与摩诃池相关的诗词不断。诗人、政治家武元衡曾写有诗两首,一是《摩诃池送李侍御之凤翔》:

柳暗花明池上山,高楼歌酒换离颜。
他时欲寄相思字,何处黄云是陇间。

另一首诗,记录了当时在摩诃池游宴的场景,这样的风景在今天大约只能想象了:

摩诃池上春光早,爱水看花日日来。
秾李雪开歌扇掩,绿杨风动舞腰回。
芜台事往空留恨,金谷时危悟惜才。

昼短欲将清夜继,西园自有月裴回。

这里所写到的西园,即五代十国末期的著名园林,是私家园林的上乘之作,园林史家谢伟认为,其"不仅整体布局显得紧凑又疏朗,建筑类型也丰富而不累赘,意境营造亦颇具匠心"。西园最精彩之处则是植物与建筑之间形成的和谐关系。

晚唐名将、诗人高骈曾写有《残春遣兴》,可以窥见当时的摩诃池的风景:

画舸轻桡柳色新,摩诃池上醉青春。
不辞不为青春醉,只恐莺花也怪人。

考察唐代诗人写摩诃池的有杜甫、李白、孟昶、薛涛、畅当等诗人,此后也有不少诗人在游览摩诃池之后,写下了诗句。到了宋代,成都人依然热爱到摩诃池游玩。诗人陆游曾写了一首《摩诃池》,记录了他的观察:

摩诃古池苑,一过一销魂。
春水生新涨,烟芜没旧痕。
年光走车毂,人事转萍根。
犹有宫梁燕,衔泥入水门。

摩诃池上的生活

唐朝时的成都是全国的大城市之一,人们生活舒适,摩诃池也是市民常常去游玩的地方,除了泛舟湖上,还可以吃饭。这说明成都人的娱乐一直是有历史基因的。摩诃池在不同的季节有不同的风貌,虽然随着时代的变迁,摩诃池的大小有所变化,但来此游玩的项目几乎是类似的。且看春天里的摩诃池,陆游有《水龙吟·春日游摩诃池》记之:

摩诃池上追游路,红绿参差春晚。韶光妍媚,海棠如醉,桃花欲暖。挑菜初闲,禁烟将近,一城丝管。看金鞍争道,香车飞盖,争先占、新亭馆。惆怅年华暗换。点销魂、雨收云散。镜奁掩月,钗梁拆凤,秦筝斜雁。身在天涯,乱山孤垒,危楼飞观。叹春来只有,杨花和恨,向东风满。

关于夏天的摩诃池也有记录。后蜀时期摩诃池的人文景观更多了,"三面宫城尽夹墙,苑中池水白茫茫。直从狮子门前入,旋见亭台绕岸傍"。生活在这里无疑是美妙的,春天海棠开了,"绕岸结成红锦帐,暖枝低拂花楼船"。夏天荷花开了,"帘畔越盆盛净水,内人手里剖银瓜"。

史料记载,后主孟昶极怕热,为了驱走酷暑便在摩诃池上建筑水晶宫殿,为避暑之所。他与花蕊夫人等宫眷,便移入水晶宫内以避暑热。可以想见,孟昶与花蕊夫人便在摩诃池的水晶宫殿度过一个个只羡鸳鸯不羡仙的神仙美眷日子。北宋苏东坡在《洞仙歌》便以"冰肌玉骨,自清凉无汗"的词语来描述了孟昶与花蕊夫人夏夜摩诃池上纳凉的情景。

陆游也曾来此避暑、纳凉,并写了首《夏日过摩诃池》:

乌帽翩翩白纻轻,摩诃池上试闲行。
淙潺野水鸣空苑,寂历斜阳下废城。
纵辔迎凉看马影,袖鞭寻句听蝉声。
白头散吏元无事,却为兴亡一怆情。

秋天里的摩诃池,杜甫在广德二年秋所写的《晚秋陪严郑公摩诃池泛舟》里,记录下当时在摩诃池的情景:

湍驶风醒酒,船回雾起堤。
高城秋自落,杂树晚相迷。
坐触鸳鸯起,巢倾翡翠低。
莫须惊白鹭,为伴宿清溪。

虽然摩诃池存在了一千多年,如今是见不到了,但其遗址是否值得保留,也还是引起了专家学者的争论:是原址修建工程巨大的遗址公园,还是改为民生工程停车场,这考验的是成都人对地方遗址的态度和智慧。

浣花溪的世界

浣花溪虽然是锦江上游很短的一段河流,但在成都文化史上,却有着举足轻重的地位。明代钟惺《浣花溪记》说:"出成都南门,左为万里桥,西折纤秀长曲。所见如连环、如玦、如带、如规、如钩,色如鉴、如琅玕、如绿沉瓜,窈然深碧、潆回城下者,皆浣花溪委也。然必至草堂,而后浣花有专名,则以少陵浣花居在焉耳。"简言之,浣花溪起源于清水河的龙爪堰,于现节制闸下游50米处,蜿蜒曲折,南绕杜甫草堂后,东流至送仙桥下,汇入磨底河。宋《方舆胜览》曾记载了这一传说:"浣花溪在城西五里,一名百花潭。"如今浣花溪与百花潭则分上下游,但尽管如此,也不妨作为整体来观察。

浣花溪公园的浣花溪

从战国以后到唐代,成都织锦业十分发达。三国时期蜀中历史学家谯周在《益州记》中记载:"成都织锦既成,濯于江水,其文分明,胜于初成,他水濯之,不如江水也。"此处所说的江水就是成都的流江,织好的锦缎在潭中和这段河流中经过漂洗更加亮丽。每到风和日丽,织女们就在此浣锦,五彩缤纷的蜀锦像朵朵盛开的鲜花在潭中和河流中漂动,久而久之,人们就称这一潭水为百花潭,这段河流也就被叫作浣花溪了。

这浣花溪亦有传说与唐代浣花夫人任氏相关。任氏年轻时,是浣花溪边一个农家的美丽女儿,心地十分善良。有一天,她在溪畔的深潭里洗衣,遇到一个遍体生疮的过路僧人,突然跌进水里,他爬起来脱下沾满泥水的袈裟,请求给他洗洗。姑娘欣然应允。当她在潭中洗涤僧袍的时候,僧衣每一漂动,就有一朵朵荷花随手涌现出来。霎时潭中和溪水里就漂满了荷花。旁边的人们十分惊异,正要向和尚询问时,却不见了他的踪影。大家知道遇到了神仙。从此人们就把任氏浣僧衣之处的潭水称为百花潭,把这段河流称为浣花溪。后来任氏做了唐朝代宗时西川节度使崔宁的妻妾。七六八年,崔宁入朝奏事,泸州刺史杨子琳派兵乘机攻打成都,任氏临危不惧,出家财十万募兵数千人,率军保卫成都,最终将杨子琳打败。朝廷升崔宁为尚书,封任氏为夫人。

浣花溪滋润着成都的诗歌文化。唐时,杜甫流寓成都,就住在草堂,其旧址在百花潭和浣花溪附近。他在此写下了"万里桥西一草堂,百花潭水即沧浪"、

"万里桥西宅,百花潭北庄"、"浣花溪水水西头,主人为卜林塘幽"、"移船先主庙,洗药浣花溪"、"浣花溪里花饶笑"、"竹寒沙碧浣花溪"等诗句。唐代女诗人薛涛就住在浣花溪下游万里桥附近的枇杷巷里,她利用溪水造十色纸,名"薛涛笺",又名"浣花笺"。宋《太平寰宇记》载:"旧贡薛涛十色笺。"唐李商隐有诗:"浣花笺纸桃花色,好好题诗咏玉钩。"唐末诗人韦庄有诗曰:"浣花溪上如花客,绿暗红藏人不识。"此后写浣花溪的诗词不绝,如黄庭坚、陆游、赵孟頫等人就曾写过多首关于浣花溪的诗。

有趣的是,近万里桥附近一带,两岸和万里桥桥头的旅馆、酒家多有。苏州人张籍游成都时有诗记其观感:"锦江近西烟水绿,新雨山头荔枝熟。万里桥边多酒家,游人爱向谁家宿?"可见当时的繁华程度不亚于江南古城。

成都的游乐活动,可谓一时之盛,代有不绝。韩琦《安阳集》卷五称"蜀风尚侈,好遨游",田况《成都游乐诗》写道,"四方咸传,蜀人好游乐无时"。宋代张唐英《蜀梼杌》言及五代事:"四月,游浣花溪,龙舟彩舫,十里绵亘。自百花潭至万里桥,游人士女,珠翠夹岸。"那是郊游的胜地。春天游江活动也选择在这里,其继承的是先朝遗风。"红杏尚书"宋祁有《忆浣花溪泛舟》:早夏清和在,晴江沿泝时。岸风摇鼓吹,波日乱旌旗。醉帻牵湘蔓,游罋扑绛蘂。树来惊浦近,山失悟舟移。雅俗西南盛,归轺东北驰。此欢那复得,抛恨寄天涯。这是起源于成都人祭祀浣花夫人。每年二月三,宋代宫廷中有"挑菜"御宴活动,成都民众则于此日踏青游江,俗称"小游江"。

宋代游江之胜莫过于四月十九日祭祀浣花夫人的大游江。在这一天,官府组织军士水嬉竞渡,盛况空前。各船彩旗招展、笙歌杂沓,两岸观者如云,热闹非凡,一直到夜晚才会停止一天的庆祝活动。陆游《老学庵笔记》卷八载:"四月十九日,成都谓之浣花,遨头宴于杜子美草堂沧浪亭。倾城皆出,锦绣夹道。自开岁宴游,至是而止,故最盛于他时。予客蜀数年,屡赴此集,未尝不晴。蜀人云:'虽戴白之老,未尝见浣花日雨也。'"元费著《岁华纪丽谱》云:"四月十九日,浣花佑圣夫人诞日也。太守出笮桥门,至梵安寺谒夫人祠,就宴于寺之设厅。既宴,登舟观诸军骑射,倡乐导前,溯流至百花潭,观水嬉竞渡。官舫民船,乘流上下。或幕帘水滨,以事游赏,最为出郊之胜。"又,宋时成都知府赵抃《成都集记》:"往昔太守分遣使臣以酒均给游人,随所会之数以为斗升之节。"可见当时的社会风气是如何的清朗。

南宋时，百花潭、浣花溪一带仍是繁华的游乐风景区，柳永有《一寸金·成都》记录成都生活：井络天开，剑岭云横控西夏。地胜异，锦里风流，蚕市繁华，簇簇歌台舞榭。雅俗多游赏，轻裘俊，靓妆艳冶。当春昼，摸石江边，浣花溪畔景如画。梦应三刀，桥名万里，中和政多暇。仗汉节，揽辔澄清，高掩武侯勋业，文翁风化。台鼎须贤久，方镇静，又思命驾。空遗爱，两蜀三川，异日成嘉话。陆游也写有诗："当年走马锦城西，曾为梅花醉似泥。二十里路香不断，青羊宫到浣花溪。"可见此时的风貌依旧，是成都人的游览最爱。

宋末元初和明末清初的战乱，使这一风景区遭到严重破坏。清嘉庆十九年（一八一四年）杨芳灿有诗记录在浣花溪的聚会，是"太守招同人祀"，风俗依然可见，却没有昔日的风味了。

在清代，有成都渔者得铜章于浣花溪，文曰：流寓西南，以献忠州刘有容使君，定为杜陵旧物。诗人郑天锦还专门写了绝句。

清代著名书法家黄云鹄将百花潭误认为在西郊河流入锦江的深潭处，并于光绪七年（一八八一年）大书"古百花潭"四字，立碑于潭边，并在周边修建凉亭敞轩，供游人观览。

关于百花潭，诗人杜均有诗记其胜："卧影涵光对古潭，百花开后斗红酣。香莲素菊犹偏爱，一味清凉一味甘。"又有诗记浣花溪："暖风熏日物华清，曾住飘沦杜少陵。吟罢诗章芳草碧，一溪烟月倍分明。"这是今天的浣花溪，想想昔日的风景，也就使人格外感慨了。

今日在浣花溪的旁边建立了浣花溪公园，其中的林草丰茂，不禁让人想起杜甫笔下的水、花、竹等风物：江动月移石，溪虚云傍花（《绝句》）；市桥官柳细，江路野梅香（《西郊》）；汀烟轻冉冉，竹日净晖晖（《寒食》）。这样的风景，也是成都最独特的一景。

消失的解玉溪

旧时成都河流众多，因城市建设的需要，不少已消失不见了。学者流沙河最近接受记者采访时说："成都市区里面的一条河，唐代的一条河，每一段的走向我都把它调查出来了。"

沙河先生所说的这条河叫解玉溪。

接下来,沙河先生解释了这条河的由来:为什么叫解玉溪?这个河里面出有一种最优质的金刚砂,金刚砂,可以解玉。我从成都的街名来推导,成都有老玉沙街、新玉沙街,这个地方就是解玉溪了,这一段就是解玉。为什么叫玉沙?沙子是加工玉的。玉沙街一过来桂王桥,一看这个名字就知道有小溪,桂王桥一转弯有桂王桥南街、桂王桥北街。再过来一条街叫梓桐桥西街和梓桐桥街,显然解玉溪就是这么顺着流下来的。然后我再去查唐代的大慈寺,两千和尚,光是一天用水就要用好多!怎样来?解玉溪!唐代的历史记了,解玉溪有一段流经大慈寺外面,由庙子专门挖了一条沟,把解玉溪引到里面去。我怎么晓得它被引到后面去呢?是因为大慈寺有九十多个院落,有一个院落叫玉溪院。

史料上也有玉溪院的记录:

《成都城坊古迹考》载:"解玉溪在大慈寺(今锦江区内)中,与锦江同源,唐韦南康(韦皋)所凿,有细沙可解玉,寺有玉溪院。"

沙河先生说千年前的大慈寺的西墙,贴近今福兴街、科甲巷、城守街一线,墙外有解玉溪的潺潺流水,由今梓潼桥正街(当时还是河床)流到这里来,沿着墙外一直向南流去。寺的西墙开有侧门,入门即玉溪院。取名玉溪,可知此院必在解玉溪的东岸。广政元年(九三八年)上巳节(阳历三月上旬)孟昶十九岁,在此院宴从官,人人赋诗。这是仿效兰亭曲水流觞之会,文人雅事……玉溪院的位置,大约在科甲巷附近一带。

这里先看看成都水系的发展。李冰所开的二江在城区的西、南两面,东郊尚无人工河道,城内也没有溪流。城里仅有万岁池、千秋池、柳池等池塘,很显然这满足不了城市生活的需求。

唐玄宗时,在东郊建大慈寺。作为政府工程,其地也就逐渐繁荣起来了。

贞元元年(七八五年)韦皋担任西川节度使。在对城区进行了一番考察之后,就自西北引内江水入城,新开解玉溪,经城中斜向东南至大慈寺前,于东郭附近仍汇入郫江。数十年后,白敏中又开金水河,同样流入大慈寺这片新兴城区。

此两河在成都占有重要地位,解玉溪居城北,自西北向东南流;金水河居城南,自西向东流,其下游与解玉溪汇合后,出城东,入府河。两条河都兼具供水、排涝、泄污、通航等综合功能,系城区骨干水道,并与位于城市中心的摩诃池沟通,构筑成完整的河湖水系。

考察解玉溪需从现今流传的地名来考证。《华阳国志》说:"蜀江众,多作桥,故蜀立里多以桥名。"因之这才留下解玉溪的踪迹。

已故巴蜀学者陶亮生先生在《成都街名琐记》里记录了与解玉溪相关的街巷:

锦江街,街不临锦江,却叫了这名字,乃因其临解玉溪之故。

玉沙街,濒临解玉溪,有玉器作坊,取溪水夹带的泥沙解玉,故名玉沙街。

玉带桥,解玉溪转弯处,其形如带,上面建桥,名玉带桥。

综合以上的情况看,"解玉溪的河水是从西北城角水洞子入城的,流经通顺桥街、西玉龙街、玉沙街、东玉龙街、桂王桥街,蜿蜒流到此地,仍向东南流去。又经过东锦江街,流过大慈寺南门前,从老东门水洞子出城去","此地"应该是在今天的合江亭附近。

西川节度使韦皋曾撰写《再修成都府大圣慈寺金铜普贤菩萨记》,记录了大慈寺的来龙去脉。大慈寺因临近解玉溪,乃皇家赐封之地,地位自然非同一般,日渐成为繁华之地。

张唐英《蜀梼杌》卷下记:"明德元年(九三四年)六月,(孟知祥)幸大慈寺避暑……广政元年(九三八年)上巳游大慈寺,宴从官于玉溪院。"这是后蜀的事。

费著《岁华纪丽谱》亦云:"七月七日晚宴大慈寺设厅,暮登寺门楼,观锦江夜市,乞巧之物皆备焉。"这里的锦江是指解玉溪。

唐宋时,游乐活动中,大慈寺占据重要的活动。冉云飞先生在《古蜀之肺:大慈寺传》中分析,其一是大慈寺是个很大的市场,举凡蚕市、香市、七宝市、扇市以及小规模的药市均在这里举行。这些市场活动或多或少含有一些民俗意味,需要官方的号召和参与。其二是解玉溪的开凿,使大慈寺成为游览胜地,且有河流经过,遂成避暑胜地。

这当然是解玉溪经济的一部分,更为要紧的是成都商业中心由此发生了位移。《成都城坊古迹考》说:"五代以后仍极繁荣。"

一九八八年成都市合江亭　(图片来源:冯水木)

宋人席益《淘渠记》载:"大观丁亥年(一一〇七年),益之先人镇蜀,城中积潦满道,戊子春始讲沟洫之政,居人欣然具畚锸待其行。"又,"后三十年,益添世官,以春末视事,夏暴雨,城中渠堙,无所钟泄,城外堤防亦久废,江水夜泛西门,由铁窗入,与城中雨水合,汹涌成涛濑"。

这里说的即金水河,想必此时的解玉溪并未受到太大的影响。

但不难想象,解玉溪的消失与元明时期的战乱频仍、人口锐减应有相当大的关系,倘若没有人疏通管理,河道久必荒废,唐宋时之所以成为游赏胜地与此大有关系,而一旦荒废,河道就有可能逐渐变窄、变浅、干涸,直到变为平地。诸如白家塘、王家塘、子龙塘等地,均是解玉溪干涸后留下的池塘,也是最好的证明。

元明时的成都,关于解玉溪的历史记录极少。解玉溪终于在清朝时消失掉了。

不过,曾有媒体报道,清代的成都地图可以清晰地看到解玉溪从大慈寺流过的情况。手头刚好有光绪五年的成都地图,不见解玉溪的踪迹,不知所说有何根据。

二〇一二年,锦江区打造大慈寺历史文化商业街区,消失了百年的解玉溪在设计中也得以体现,新的解玉溪绕行大慈寺周边,以徜徉的小流水形态存在,辅之以庙墙、竹屏、照壁、水溪、喷泉等元素。但这已不是旧时解玉溪的风貌了。

水道的演变

元代的成都,两河基本已定型,与现在的城市水道规模相似,只是数量更多。在成都的城区不但有锦江,还有浣花溪,此又名为百花潭。金水河在"蜀府南门前",解玉溪在"大慈寺南,源与锦江同"。明代天启《成都府志》曰:成都县已有河堰一百二十一座。可见此时的成都水系发达到何种程度,不亚于今天的威尼斯吧。

在忽必烈时代,意大利人马克·波罗曾游历四川,后来在他写的《马可·波罗游记》一书中,记录下了当时成都府的样貌,那是一座大城市,而锦江是一条大江。他在游记里写道:

有许多大川深河发源于远处的高山上,河流从不同方向围绕并穿过这座城市,供给该城所需的水。这些河流有些宽达半英里,有些宽两百步,而且都很深。城内有一座大桥横跨其中的一条大河,从桥的一端到另一端,两边各有一排大理石桥柱,支撑着桥顶,桥顶是木质的,装饰着红色的图案,上面还铺着瓦片。整个桥面上有许多别致的小屋和铺子,买卖众多的商品,其中有一个较大的建筑物是收税官的居所。所有经过这座桥的人都要缴纳一种通行税,据说大汗每天仅从这座桥上的收入就有一百金币。

这些河和城外的各支流汇合成一条大河,叫作长江。此江的水道在东流入海之前,约有一百日的路程。

在这条江的两旁和邻近的地方有许多市镇与要塞。江中的船舶川流不息,运载着大批的商品,来往于这些城市。省中居民是偶像崇拜者。离开这里后,一半沿着平原,一半穿过多个峡谷,走五日,可以看见许多上等的住宅、城堡和小市镇,居民以农业维持生活。城市中有各种制造业,特别是能织出美丽的布匹、绉纱及薄绸。这个地方和前面说过的各地区一样,是虎、熊及其他野兽聚集之所。到了第五日晚上,就到达了西藏的荒原。

根据这篇游记里所描述的景象,不少学者认为这里所描述的是元代初期的锦江和万里桥的状况。有关史料记载,万里桥是成都最大的桥,是一种廊桥结构,气势非凡,锦江的河面在当时也是以此处为最宽。这是因桥的北岸有南市,而桥的西边有西市和锦市。同时万里桥也是城里城外连接的必经之道。

唐代的白敏中开金水河,打造了贯穿成都南城的水道。这金水河乃是以西城磨底河为源头,流至合江亭汇合。在宋代金水河上有八桥,由宋至明末,成都经过两次战乱,元气未能恢复,因之河道也并没有得以及时的治理,到了清代雍正年间,金水河中各桥及未经注明的金花

金河故道,见证了历史的沧桑 (拍摄:朱嘉婷)

桥和三桥，也只有十座桥，到了乾嘉以后，金水河上的桥就逐渐增加到了二十多座。

考察成都旧志的记载，成都这些桥也颇反映了成都人的生活场景和建筑水准。如青石桥，古名龟化桥，民国《华阳县志·津梁》载："有石桥，治东南三里青石桥，（跨）金水河。石材，平式，一洞。清乾隆五十七年（一七九二年）重修，民国十五年（一九二六年）改建。旧称龟化桥，原有覆盖，改修时拆卸，如今形。"在其下游又有太平桥，其式样与青石桥相仿佛。其修建在乾隆五十五年（一七九〇年），再其下为一洞桥，其式样依然是"石材，平式，一洞"，这就是金水河上的桥梁通常建造式样，偶有板桥或拱背桥，但数量总体是有限的。只是有的是交通要道，就可能加盖覆屋，是可遮风避雨的。

金水河的流变也反映了水道受战争的影响颇巨。明嘉靖四十四年（一五六五年），刘侃到成都来当知府，他所看到的金水河虽然是从西北到东南，但其规模只剩下一条线。这时的金水河的河槽里堆满了泥沙，河深只有一尺多一点。每到雨季，大街小巷的雨水都流到河里来，于是，河水横流满街，不管是民宅，还是园林，都是泥泞一片，这还是古蜀时才有的景象了。

此后，谭纶担任四川巡抚来到成都，在他的号召下，成都人开始疏通金水河，河槽比原来增加了三尺多宽、一尺多深。经过治理的金水河在后来还能通行小船，成为城区一条别致的交通线。

在清雍正九年（一七三一年），成都知府项诚继续整修金水河，使金水河成为成都的生命河。此时的金水河流贯全城。河床全部加深加宽，并在原来西御河中段开凿新河，新河沿顺河街、小河街直通贡院外环抱皇城的御河。不仅如此，他还在西门水关处，建了闸门，以防洪水，在东门外的东关处，也建了闸门，以备在枯水时蓄水。并规定东闸门按时开启关闭，使货船分次进入，直达满城东面的半边桥及贡院御河上的各桥。于是，这沿河的两岸商业繁盛，是城里的商业中心。金水河在此除了交通运输外，也还有防火、泄洪和防病的作用。在这一段的金水河两岸，草房为多，瓦房也多是用竹木建造的，而金水河常年有水，足以可以防备火患。可以说，这时的金水河让成都人的生活更为便捷。

傅崇矩在《成都通览》里记录了成都的河流、堤堰、池塘、桥梁，还是有着上百处，显示出此时的成都水道依然发达，这也是成都之所以能够长久繁荣的缘故吧。

陶亮生先生《成都街名琐记》里说:"成都以桥名命街名的街有四五十条,再加上与水系有关联的街名,约七八十条之多。"这样的街巷不妨举例一二,比如九龙巷。城内地下排水渠道,从沟头巷出去,便分为九支,号称九龙,其上面的巷道,就叫九龙巷。沟头巷呢?乃修明皇城时,高垫地基,隆然居于中心,每岁大雨,流水四溢,有明渠暗道宣泄出城,这才避免城里出现洪涝之灾。当然,一旦年久失修,就会出现洪涝。

再就是御河。其最初也是修皇城时,在其周围,挖土筑城,疏导河沟,外通金河,内连摩诃池,河面甚宽。建造皇城时,可运木料砖瓦,王府建成,内廷生活所需,可由船运入。昔时御河之上有桥十座,各有美称,后来因水道淤塞,御河也就逐渐消失,河上的桥梁也就不存。

不过,成都水道的变化以一九四九年之后最大。一九五三年,由于成渝、宝成铁路的修通,影响着成都的水运行业,府河和南河上来往的船只逐渐减少。到一九五八年时,府河上还有个别船只载运木材水泥,但府河已断航。一九六二年之后,府河和南河城区段全部断航。城区的房屋持续增加,使水道的占有减少,河边逐年变成陆地。值得一说的是,一九五八年,成都古城墙被铲除,一九六九年,金河(即金水河)被改建成地下防空洞,一九七六年改作地下商场,金水河消失了,只保留着金河路。这不能不说是成都发展史上最遗憾的事。

两河上的渔光曲

"行尽青山到益州,锦城楼下二江流。"唐代诗人张籍《送客游蜀》里的诗句好像就在昨天一样。成都是因水而生的城市,两江在历朝历代都滋润着成都人的日常生活。

那么,让我们从河流的盛衰来看成都的民风民俗的演变。

明清时候的府南河,水质绝佳,连水下的石头都看得一清二楚。水源丰富,水质良好,这也是成都人的饮用水。对老成都人来说,天刚麻麻亮,府南河两岸的人家都已是早早起床,人们用木桶或担或抬或提,将河水运回家,倒在大瓦缸

二十世纪二十年代成都的捕鱼人

或大石缸里,以供家用。我曾采访过九十岁的江潮老人,在他的记忆里,在家里有个大沙缸,沙缸的底部放上石块,在水缸的底部也有出口,可以将沙缸里的水放出来,这是日常的饮用水。

民国时的成都,河水也是大小茶馆所泡茶的水源,近河就地取用,远的用车拉,沙缸有过滤消毒的功效,煮沸沏茶,这就是老成都人最喜欢的"府河香茶"。后来,成都的自来水,是在南门外万里桥起水,用管道输送到城内蓄水池,再由人从水池挑水使用。在华兴街就修建了一个蓄水池,那是专人挑水供应商业场的。

在九眼桥的边上,有一条小街,光绪初年叫"皮房码头",至光绪三十年,这里则是成片的街区,即太平上街、太平中街、太平下街和太平巷。这里的制革业是从浆洗街迁徙过来的,并逐渐形成了制革的生产基地。有关记录显示,到了清末,成都皮革业已经具有相当的规模。而这里之所以被命名为"皮房",是与制革业当中的生产、运输相关。"清晨,九眼桥南岸,乳白色的雾气像一层薄薄的轻纱罩在江面上,九眼桥下,传来船夫和纤夫们'挣滩'的号子。江边泊着许多木船,许多搬运工人正扛着很沉重的货物(大多是皮革和皮制品)。"这样的生活场景直到民国初年,才有了新变化。

锦江这时候存在着好些个码头,如万里桥码头、盐码头、煤码头、水津街的柴市,成都的日常生活必需品的供应多依赖于水码头的存在。太平街虽一时冷清,但顺水而来的竹筏(竹簰)在这里上岸,使这里形成一个以竹子为主的交易市场。这也就是传说中的"竹子市"。"那时,岸上堆砌成山的是成捆的竹子,水上漂浮如织的是成排的竹子,水中游筏也是竹子所制……从早到晚,茶坊酒肆堂倌的吆喝声、铁匠铺的铁锤叮当声、打锅盔招徕顾客的面杖声、提篮小贩的沿街叫卖声,还有江中的船夫号子声……此起彼伏,终日不息。"可见这时候的太平街是何等的热闹。

太平下街临江傍水,因此各路商船多停靠于此装卸物资。当然这就少不了饭铺、茶馆。在这条两百多户人家的街上,就有七家茶馆。这些茶馆都建在依水的岸边,其房屋一半在岸上,另一半在水上,统称"吊脚楼",其取水最为方便:将水桶吊在手转轱辘上或拴在竹竿上,探腰即可打水。

这"吊脚楼"在成都的锦江边已经消失了很久。这不能不说是人文景观的损坏。

成都虽是内陆城市,水产品却很丰富,这皆因城区里的水脉纵横,鲫鱼、鲤鱼、黄辣丁、鲢鱼、泥鳅、虾蟹等鱼类很多,在锦江两岸如南门大街、湖广馆、棉花街等地相继衍生出鱼市、虾市,但尽管如此,成都人的饭桌上所出现的鱼类是待客的佳品,同样也是寻常人家难得的佳肴。王泽华、王鹤《民国时期的老成都》里记录下成都人的捕鱼工具有:"虾耙、罾、网、钓竿、鱼叉、豪子等",且鱼虾多,就是用手捧、用木棒或石头打、用筲箕撮都能有收获。当然也有渔老鸹船、鱼猫子船,可见当时的锦江之上有着多彩的渔光曲。

除了捕鱼或来往的货船之外,在锦江之上往常行驶的船只也还有多种,《民国时期的老成都》说,载客船有大有小,小的叫"半头船",可容纳五六人的住宿,大船则一般坐客只包舱面,底层由船主揽货。比较而言,下水船比上行船价格略便宜,船家供饭,菜蔬由客人自办,停泊起行,一般惟客命是从,所以沿途游览购物很方便。

民国时的新南门因是进城的要道,河边上也是茶铺林立,少不得有曲艺演出。车辐先生的小说《锦城旧事》里的艺人吴小秋就长期在这里演出。

在锦江之上,因桥梁较少的缘故,也还有来往两岸的摆渡船,这不仅方便两岸群众的出行,也同样给锦江增添了风景。

到了夏天,北门大桥就聚集着数量众多的成都人,他们只是为了看涨水。这时候犹如节日一般,热闹非常。当时,从上游洞子口冲下来的原木,在漩涡里颠来簸去,有人就跳入江中,打捞浮财(材),水性好的

一九五五年望江楼 (图片来源:冯水木)

一九八四年沙河边垂钓的老翁　（图片来源：冯水木）

则在水里的原木上嬉耍，或跳墩子或骑原木，这也是旧时成都人的夏日最大乐趣。

相对于九眼桥的繁华，南河就没那么美好了。刘振尧《"水军都督"》里说，当年的南河是我们这些半截子幺爸儿的天然游泳场。那时的城区比现在小得多，一出通惠门便是阡陌纵横、河渠密布的乡村了。过十二桥沿河边往北约里许，有座单孔石桥，历经岁月沧桑，已显得苍老不堪了。那便是我们称之为倒泊的游泳场了。河宽仅三四米，水却很清亮，由北往南，潺潺缓缓直流到宝云庵，注入百花潭。河岸边长满茂密的芦苇，极幽静。这是民国年间的事。随着城市建设的发展，这样的场景早已消失在历史深处了。

由于旧时成都城市建设的问题，民国年间的成都也经常发生水灾，最严重的有三场水灾：一九四七年七月中旬，一场大雨连续下了数天，南河水溢出河床，华西坝一带被淹，而东门城墙也因被水泡得松软而崩塌，压死压伤几十人。当时的《新新新闻》报曾登载一幅漫画：四个人抬着一块题为"泽惠市民"的匾敬献给当时的市长，敲锣打鼓的、抬匾的都是在水里行走。一九四七年再次发生水灾，大雨从七月就开始下，一直下到八月中旬，水淹到了当时的"高等法院"所在地正府街。水消退之后，"高等法院"的大墙上面糊满了粪便，对此，当时的新闻就以"高等法院，粪发涂墙"的标题加以报道。在一九四九年七月至九月，成都再次发生水灾，许多人因此失去了家园。

一九四九年之后，成都城市面貌发生巨大的变化。锦江也曾因水污染的缘故成为"黑河"，走在河边就可嗅见浓浓的臭味，随着府南河整治工程的完成，河道开始变得漂亮。但因河岸为石砌，河底也做了修整，如此一来就避免了两千多年的洪涝之灾，却失去了河野之味。

不仅如此，由于河道的修整，锦江泛舟的风景已成绝响。

两河上的风光随着城市建设的加速，旧时风景渐渐地消失，那些影像也就定格在成都人的记忆深处了。

三　街巷篇

华西坝上

华西坝，又称坝上。

这里是一九一〇年美、英、加三国五个基督教会共同创办的华西协合大学所在地。这是中国西部第一所现代化意义上的大学，也是中国现代口腔医学的发源地，享有着"东亚第一"的美誉。校园占地近千亩（现校园只有原百分之十五），布局清晰宏伟，建筑中西合璧，风格独特。

晚清时候，成都就有传教士出现，除了传教之外，他们还开展社会服务如教育、医院等等。比如天主教于一七五六年在光大巷建教堂，基督教在正通顺街建教堂是在一八八一年。一八九五年五月，成都发生教案，各教堂也受到影响。一九〇〇年，义和团运动同样让各教堂受到重创。或许正是这样的环境，让传教士的传教思想有了改变，从此涉足教育领域。

一九〇五年，美、英、加在川的五个教会利用教案赔款，打算在成都建一座规模宏大的高等学府，选址就在华西坝。不过当时这里还没有华西坝这

一九四八年华西坝旧钟楼　（图片来源：冯水木）

个地名，老成都有的叫这一带为乱坟场；也有人叫它南台寺，因为以前曾有座寺庙在此；还有人称这一带为中园，据说这里是古代名苑中园的旧地。五代时，这里叫"梅苑"，是王建的蜀宫别苑。陆游也曾游此，曾记叙"成都城南，有蜀王旧苑，多梅花，百余年古木"。这里可谓早就享有盛名了。

经过数年的准备，一九一〇年，华西协合大学正式开办。学校开办之时，教会已在此购置了一百多亩土地。从此时起，锦江南岸这一大片土地，就被称做"华西坝"。到了一九三〇年，华西坝的规模在原有基础上又扩大了十倍。整个范围北起锦江南岸，南至今天的一环路南，占地一千余亩。

据成都文史专家考证，华西坝上出现的第一条街道应该是大学路。一九三八年，开辟新南门，随后修筑了一条由西向东通向新南门的道路，路的东段是南台寺旧址，故取名南台路；新路的西段因为从华西坝穿过，就命名为大学路。华西坝西南角原是华西协合中学所在地，后来这里形成了街道，人们便将它称为中学路。抗战时期，因金陵大学桑蚕系设于华西坝南端，旁边的街道也就因此得名金陵路。

华西协合大学成立之后，就设立了文、理、医牙三个学院。学校的组织管理按"协合"的原则，仿照牛津、剑桥大学的体制，实行"学舍制"。学校则提出教学大纲，制定录取、考试标准，使集中化与个性化相结合。这个创造性的体制既解决了各教会提供资金、设备和相互的协调工作，也反映了现代大学的特点，保证了学校在育才方面拥有独立的办学自主权。

此时的华西协合大学与四川大学比，虽然规模小，但其聚集了大量名师，在专业上也有个性，很快声名鹊起。此外，这里是西洋文化传到中国西部的第一落点。对许许多多的老成都人来说，第一次看到电灯、留声机、自行车、照相机以及下洋操、打洋球这些新鲜玩意儿，就是在这个地方；许多人也是从这个地方知道了"外面的世界还很精彩"。

华西协合大学的建筑十分具有特色。二十世纪三十年代前后，在华西校园建成了四十多座楼群，其设计风格被当时的建筑师们视为样板，竞相效仿。大学校园的规划、设计者是一位洋人，他来自英国，名叫荣杜易。这位建筑师很有见地，他没有照搬西方建筑式样，而是结合中国文化的图像来勾画他的蓝图。华西坝的建筑在外观上大量使用中国传统建筑符号，而在其内在结构和功能上又保留了西方建筑的特色，正是这种中西合璧的设计思路，使荣杜易的规划方案在众多设计中脱颖而出,被校董事会选中。华西坝建筑群的布局与周围的道路、荷塘、操场、门坊构成了一个有机整体,相互呼应。

这里的老建筑与不少名人有着密切的关系。如怀德堂,抗战期间,美国副总统华莱士、印度国大党主席尼赫鲁、英国上院议员艾尔文爵士以及冯玉祥、孔祥熙等曾到此。来此讲学的还有冯友兰、林语堂、李约瑟、海明威、斯坦贝克、费德林等中外学者。

雅德堂,又被称为广益学舍。抗战时期,一批学界泰斗来此讲学,如钱穆、陈寅恪、吴宓、李方桂、萧公权、梁漱溟等就住在这里。学者岱峻说,广益学舍附近,十几幢小洋房错落有致。住在这里的名人有神学教授芮陶庵,他后来在香港创办崇基学院,成为香港中文大学前身,其子芮效俭在一九九○年代曾为美国驻华大使;史学大师陈寅恪一家五口曾住在广益学舍后面一座二层小洋楼底楼。他在此度过一年多时光,写就了《〈长恨歌〉笺证》等十二篇宏文。

一九三七年抗日战争全面爆发,为保存中国高等教育命脉,敌占区大学纷纷内迁。山东齐鲁大学、南京金陵大学与金陵女子文理学院、北平燕京大学等,在无处安生的情况下,相继被华西坝所接纳,一时间这里人文荟萃,名扬四海。此时,华西坝与北碚夏坝、重庆沙坪坝构成了战时后方文化英才汇聚的"三坝"(也有将江津白沙坝加上,合称"四坝")。

从此,长达九年的华西坝上"五大学联合时期"开始,几所大学合作办学,各抒所长,稍后,又建立联合医院。由此,成都文化也染上了现代之风气,而华西坝联合办学也成为现代大学的典范。

其时,陈寅恪、钱穆、梁漱溟、朱光潜、顾颉刚、张东荪、吕叔湘、吴宓、冯友兰、董作宾、冯汉骥、傅葆琛、许寿裳、萧公权、孙伏园、庞石帚、缪钺等大师云集在华西坝上。

此时的华西坝上,大型、小型的学术讲演会、讨论会、座谈会经常举行,名目繁多。主办单位有时是一个学校,有时是各校联合,有时又是由学校的某个系级举办,一般都是自由参加,不受学校或系级的限制。整个华西坝,呈现出一派学术繁荣的景象。

抗战时期,华西协合大学还相继成立了一批研究所,如中国文化研究所,所长为闻宥,其经费由哈佛燕京社资助;华西边疆研究所,由校长张凌高任所长,李安宅主持实际研究工作,由此诞生了华西学派人类学;经济研究所,由程英祺主持,出版杂志两种;教育研究所,由傅葆琛主持;而历史研究部,由钱穆主持……可谓极大地提高了成都学人的水准,为未来成都的文化发展起到了推动作用。

燕京大学迁来成都之后,资料记载,其教授历来月薪以三百六十元为限,但对于陈寅恪等六位特约教授,特定四百五十元,超过代理校长等学校行政负责人的月薪。所以,此时在华西坝上的名教授能够有闲暇泡茶馆,过上相对闲适的生活。

随着抗战结束,各大学也相继迁走。华西坝又恢复了昔日的平静。著有《风过华西坝》的岱峻曾说:"没有华西坝五大学,成都牙科不可能成为亚洲最好的牙科,老成都也许会晚若干年才能喝到牛奶,我们不会有幸福梅林,据考证,今天江津、金堂的广柑,华西牛奶,幸福梅林的梅花,皆拜当年金陵大学农学系的先贤所赐。""五大学"培养的大批人才留在了成都,进入成都的城市建设、文化教育、科技研究等领域,可以说对未来的成都发展做出了卓越的贡献。一九四九年之后,华西协合大学不断地进行调整,二十世纪八十年代改成华西医科大学,二〇〇〇年并入四川大学……而华西坝今天还依然流传着"五大学"的故事。

宽窄生活

到成都旅行者大概很少有人没去过宽窄巷子的。这皆因这两条街巷是代表着成都的休闲文化。其商业的发达,市井气息浓厚,也真是特殊的旅行体验。但在清代,这两条街巷也并不是最著名的街巷,比如宽巷子,因与邻近街巷相比较为宽,习称宽巷子,后名兴仁胡同,民国时才恢复宽巷子旧名。

宽巷子的房舍大多建于民初,少数还建于清末,大半是两个天井,即前后两个四合院式样的平房。临街大门内,还有一道绘着金钱狮子的四扇中门。若无庆吊大事,中门不开,由侧门进出。大门外两侧,一般还残存着蹲石狮、放石鼓的石墩,门楣上雕有金瓜、佛手、寿字等象征吉祥的装饰;屋脊有残存的泥塑兽头;檐角有上翘的飞翅;檐沿有扇形的瓦当……它曾被当作"蓉城新八景"之一。

窄巷子,后名太平胡同,是宽巷子前面的小街巷。而在它的前面还有一条井巷子,清初名为如意胡同,后因巷北有明德坊而称为明德胡同,因街中有水井,改为井巷子。此井后迁移至街北人行道边。一九九〇年十月西城区人民政府在井旁立一石碑,上书:"此井乃康熙年间满蒙八旗军驻防成都时饮水而凿,地处原少城明德胡同清军营房前。辛亥革命后因巷中有此井,改名为井巷子。"二〇〇七年时,成都文化人常常在宽窄巷子聚会,缅怀即将消逝的街区。当时我写过一篇短文:

宽巷子是成都唯一遗留下来的清朝古街道,现在要拆迁了,只剩下些老墙断垣,而这在不久也要消失了。再次去的时候,看见的都是平凡的脸孔——居住者,而恰恰就是这些平凡的居住者铺垫了宽巷子的底蕴,支撑起宽巷子的神韵。对于他们来说,要搬迁不仅仅是一次家的迁移,也是一次心的迁移。看着一间间房屋被画上大大的"拆"字,有的正在变成为现实。不知其心境如何的复杂了。

那天,近千人在这里流连,怀想在宽巷子喝茶、聊天的时光,可现在这都要不见了。不少人痛哭流涕,这场面是我所没有想到的。

时不时听到一些城市拆迁老街巷、老建筑的新闻,起初令人震惊,后来也就见怪不怪了。而我知道,城市建设常常是一阵风,一个模式,没有丝毫个性,这表明城市的设计规划者、管理者对这件事的无知,以及内心的贫乏。

这不禁让我想起作家冯骥才从法国回来后,说了这样一段话,发人沉思。他说,巴黎真正的历史感是在城中随处可见的那一片片风光依旧的老街老屋之中。找一位这街上的老人聊一聊,也许他会告诉你毕加索曾经常和谁谁在这里见面;莫泊桑坐过哪一张椅子。巴黎那浩大而深厚的文化,正是沉淀在这一条条老街老巷里。在西安,古城墙至今仍矗立在这个现

窄巷子,宽生活 (拍摄:朱嘉婷)

代化的都市里；幽幽青砖无言地诉说着过去曾经经历的风雨与历程，穿过城墙，静立时，仿佛便听得到当年铿锵刀枪声，还有阵阵马蹄响……而这些都跟宽巷子无关了。

二〇〇八年六月十四日（第三个中国文化遗产日），宽窄巷子作为震后成都旅游恢复的标志性建筑向公众开放。

这宽窄街巷有今天的规模，是与当时的城市建设分不开的。我们今天所看到的宽窄生活光鲜的一面，其背后也还隐藏着许多故事。

宽巷子西段有思贤庐，是为张采芹在一九三四年至一九四四年居住生活的地方。张采芹何许人也？一九四一年初，为了宣传抗战救国，当时供职于聚兴诚银行的张采芹，与一群年轻人自筹钱银，在祠堂街成立了"四川美术协会"，他个人担任常务理事和"总务"。如今，在人民公园的"艺苑亭"还留有"四川美术协会旧址"的石碑，石碑背面刻的正是徐悲鸿为张采芹所作画像。此说的确大谬。《成都美术志》记录：四川美术协会会长为四川省政府主席张群，张采芹只是其中的常务理事，并和陈精业同为总务。协会创办时，他在聚兴诚银行成都分行工作，任祠堂街办事处主任。宽巷子有一处曰恺庐，即"快乐自在的居住地"。传说在百年前，这宅院主人曾经留洋归国。归来后颇有一番革新思想，把自家的旧时门庭焕然一新，将原来院门砌成了带有"洋味"兀起的拱形宅门，诉说的是旧时故事。

在宽窄巷子居住过的名人还有很多。比如在《吴虞日记》中经常出现的裴铁侠，艺名蓝桥生，古琴家，晚年曾和夫人居住于宽窄巷子西口旁的原同仁路四十八号"双楠堂"小院。一九五六年中央民研所全国琴人调查显示，琴人刘兆复的通讯处是宽巷子三十五号，不知这是否就是刘先生的居住地。此外，还有精通九国语言的"万能教授"张圣奘在四川生活了半个多世纪，晚年曾住在宽巷子的一所院落里；著名学者、佛学家、擅章草的韩文畦晚年住在窄巷子的女儿家中；法国传教士洪广化在宽窄巷子三十号生活了一段时间；在民国时期，宽巷子三十三号庭院是济世救民的中医名师周济民的家……这些旧居早已被新主人所替代。

如今活跃在窄巷子的有诗人翟永明的"白夜酒吧"，另一位诗人李亚伟在宽巷子开设了"香积厨1999"餐厅，也还有设计师傅冰的"九一堂"等等去处，更多的聚集着时尚的商店、食肆,看上去光怪陆离,但也还有散花书屋和见山书局这样颇有成都味道的书店。

总的来说,新版宽窄巷子展现出成都最风格的一面,看上去热闹的背后是一种深深的寂寞,若是在此处寻觅成都人的慢生活,真是难以寻见了。

学者谭继和说,宽窄巷子是绝版的少城,绝版少城是成都老天地的绝版。这绝版多少也是有想象的成分了。不过,近年来也有作家杨不易的《窄巷子,宽生活》等书总结这街巷的得失。不管怎样,这其实都是在给我们提供思考街巷的新视角。倘若我们只是看到其浮华的一面,就以为这就是旧时成都人的日常生活,恐怕是不确的。

春熙路琐记

成都最繁华的街巷,当属于春熙路。但若说春熙路的历史,却并不是太久远的事。《成都城区街名通览》说:"春熙路地段旧址,清时为臬使署所在地,民国建立后,成都成立了军政府,臬使署沦为废墟。"

民国时因城市建设的需要,拆毁城墙、修建马路是势在必行的事。一九二四年六月,以"建设者"自居的杨森任四川督理,委任其第一师师长王缵绪兼任市政督办,筹建各种新的城市设施。王见到成都旧臬使署地界极为宽敞,乃建议将该地段辟为马路,沟通东大街、总府街两条繁华街市。

蒋蓝先生在《春熙路史记》里说:"清亡之后,衙门早已废置,'臬台'门前的这条深长的弯曲巷道,右边与南新街为邻,左与城守东大街、科甲巷接壤,对面是走马街。走马街前的这条深巷子里,逐渐住了许多棚户人家,开办了不少小商店。衙门旧址里,甚至办起了名为'中城''英文'的两所学校。昔日森严官场,转瞬之间变成了下里巴人的闹

一九七八年春熙路 (图片来源:冯水木)

市;小商贩们的叫卖声,店铺的字号旗幌,交易买卖的讨价还价,人声嘈杂,声声扰耳……"很显然这不符合杨森的市政设想。于是,杨森即命市政公署负责办理。王受命修建,半年马路初成。该路取《老子》"众人熙熙,如享太牢,如春登台"之意为名,按方位分别命名为春熙路东、南、西、北四段。街心为环行路,孙中山先生铜像建立在街心花园里。

但在修建这条街时,也遭遇了不少挫折。简言之,是王缵绪一味地"强拆",老百姓哪里见过这种阵仗,自然不答应。成都著名的"五老七贤"尹昌龄、宋育仁、曾鉴、徐炯等人也都惊动了,他们认为,督理拆牌坊、锯屋檐、修马路,这样一搞,变更了列祖列宗的老样,成都就会"失范"。他们就出面缓建新马路,但杨森说:"这是我实行的新政,谁也不准阻拦,谁阻拦杀谁的头。未必五老七贤的脑壳是铜铸的!"曾任四川军政府都督的尹昌衡刚好在这里有房产,他也想阻拦,但杨森哪里买他的账,于是这条路得以顺利拆迁。

杨森打算把马路修成直线,但当时的总府街"馥记药房"老板郑少馥是法国领事馆的翻译,他就倚仗着洋人势力,拒不拆迁。他曾扬言不能动他的"馥记药房"的一木一瓦一砖一石,一动生意、祖业就会发生"挪移"。杨森怕拆迁费时弄出事端,就只好妥协。这样,我们看到中山广场那里,春熙东路、春熙西路、春熙南路、春熙北路是错开的。

钟茂煊《刘师亮外传》记录,五老七贤之一刘豫波约上文人刘师亮,"走过新铺成的东大街马路,路上石子乱翻。这些石子都是将原来嵌路面的石板翻转捶成的,七翘八拱,大大小小,极不规则。阶沿正在整修。他们只好在大大小小、格棱包拱的乱石块上跌跌绊绊、颠颠簸簸地拐着。前几天下过一场雨,到处稀泥滥窖,从裤脚到长衫下摆都被溅得泥古淋当"。

就是这一次出行,刘师亮写了一副对联:

马路已捶成,问督理:何时才"滚"?

民房将拆尽,愿将军,早日开"车"!

这副语意双关的对联("滚"指压路机辗压,又指杨森"滚开",而"车"字,在四川俗语中有溜走的意思),被暗中张贴在闹市盐市口,由于表达了人们要杨森尽快倒台的愿望,在两天之内便传遍全城。

想不到的是第二年(一九二五年),杨森在统一全川的"统一之战"中大败,败出了四川。但春熙路修建,诚然让成都的街巷提升了一个档次,也是不争的事实。这修马路中的是是非非,只有任凭后人评说了。

春熙路是几条路的总称。我们不妨先看看旧时街景,《成都城坊古迹考》记录：

春熙南路的街西有益智茶楼,时有曲艺演出。有中秋味小吃店及花柳科诊所。楼北为私立正则会计学校,校北有上海精益眼镜公司分号,再北有浙江宝成银楼。街东有德仁堂药店,多售名贵中药。其北为春熙大舞台,民国十七年(一九二八年)建,专演京剧(后来此处又多有变迁)。春熙大舞台门首北侧有五芳斋。民国二十四年(一九三五)以前,五芳斋北侧有大烟馆名"卡尔登",抗战时改建为中国农民银行分行。再北为《新中国日报》及《新新新闻》之营业部。

春熙北路,本街商业主要为匹头(绸缎、呢绒、布匹等)、百货,多售舶来品。街东南口有来鹤楼茶楼,屋顶泥塑白鹤一只为标记,民国二十年(一九三一年)前后营业兴盛。后街东中段有漱泉茶楼代之而起。茶座出赁报刊,零售瓜子、花生米、薛涛干、灯影牛肉等,颇受茶客欢迎。街东有中华书局(一九六〇年后改为古籍书店)。其北侧有孙中山铜像,民国十六年(一九二七年)建,初为立像,民国三十四年(一九四五年)改为中服坐像,系著名雕塑家刘开渠塑造。街中段东侧有基督教青年会,民初创设,大门原在科甲巷,民国十三年(一九二四年)设电影院,以后又附设住宿部、会议室、饭馆。青年会北侧为锦华馆西口(原无出口,本路建成后始开通,内多男女高级中式服装店,缝工较贵)。又北为私营重庆银行分行,原在街西正对春熙东路口之西南银行旧址,民国三十四年(一九四五年)迁此新建大楼。北头为大光明钟表行。街西北头有宝成银楼(系春熙南路宝成银楼之分号),抗战前开设。其南有亨德利表行,侧有茶社,商人多聚于此,看相、测字者居多。其南有廖广东刀剪铺,以石柜台为其标记,所售刀剪质地优良。又南为亚新地学社,出售中外地图及地球仪。又南为世界书局。又南为及时钟表眼镜公司,民国十四年(一九二五年)开设。又南为春熙大旅馆,与本路同时建。又南为《中兴日报》社,又南为商务印书馆分馆。又南为快活林餐馆,白菜丸子负盛名,本街建成初开设,民国二十一年(一九三二年)后歇业。此外,本街初建成,有北京同仁堂分店,后因与成都同仁堂同名涉讼败诉,改名达仁堂,售名贵中药。

春熙西路,街西段旧为新街后巷子南段倒拐。街东段为后来新建马路时接通。街北有成都大楼,由利昌公司修建,豫康银行总行设在这里面。又有上海

闲雅成都

一九六一年春熙北段新华书店　（图片来源：冯水木）

商业银行分行；又有撷英餐厅，为规模较大的西餐馆（一九五〇年后成都市粮食局在此）。街南有耀华茶点室，所售西式点心、中式面点及饮料均精美，颇负盛名（一九五〇年后，又于对门增设耀华餐厅）。

春熙东路，臬台衙门在此。民国十三年（一九二四年）改建为街。路北为四川财政厅，旧为臬署监狱所在，太平天国翼王石达开等曾禁此监内。抗战时期田赋改征实物，于财政厅内设四川省田赋粮食管理处（一九五〇年后这里设为成都市第一人民医院）。

此外，春熙路还先后开设的著名商店有工艺美术服务部、金银饰品的门市部、精益眼镜行、德仁堂、诗婢家、金石铭、胡开文文具店、龙抄手、协盛隆、四川美发行等等，可谓见证了成都商业之盛。

有意思的是，一九六六年，春熙路被改为反帝路。一九八一年后才恢复本来的名字。

围绕着春熙路发生的故事很有不少。一九三六年，齐白石入蜀旅行，在成都生活达半年之久，绘画、治印，其门人、书画家对他多有礼遇，真可谓是不亦快哉。

时任《新新新闻》记者的邓穆卿老人回忆：有次，齐白石游春熙路，几个人交流很愉快。他对记者说，成都饮食，他是食得惯的，不过，他是在乡里住得久的，喜好吃"乡味"，厨师弄的菜味浓又辛辣，有些加入些"味素"（味精）更不好吃，且不合养生之道。他很喜欢吃蔬菜，只放点盐，用水煮熟便是好食品。

很显然，虽然成都的饮食够丰富，但油大，不合齐白石的养生之道。在逛春熙路时，他如此这般一说，也就明白他作客异乡情，弄菜殊感不便，他要买气炉，小铁锅，好自己烹饪食物。

这次逛街，他先是看了"万利长"百货店的气炉，索价每个十元多，钞价较上海高一倍以上，货又不好。又看了两家后，他到"益大"商店看气炉，货色稍好，结果以六元八角钞购气炉一个。想必这以后齐白石的饮食生活就接近了他所说的"乡味"。

还是在这一年,四大名旦之一的京剧名艺人程砚秋为赈川灾曾在春熙大舞台义演三夜,第一夜演《宇宙锋》,第二夜演《汾河湾》。当年春熙大舞台名京剧演员演青衣旦的刘云霞、花旦兼刀马旦的刘凤霞,曾令若干戏迷倾倒,刘豫波还赋诗赞美。诗曰:"此地飞来姊妹花,歌声簌簌赛京华。梅朗固是云中凤,怎逮刘家有二霞。"

此外,名扬世界的政治学家、崇州人萧公权先生在川前后居住了二十三年。一九三八年的梅花开放时节,在春熙路上一家花店里,他看中一束绿萼梅,老板索价奇昂。还说:"花有几品,人有几等。"意思是高贵之人方能赏识高贵之花。

在春熙路中段三十五号,一九二九年九月一日成立的《新新新闻》报一亮相就占据成都报业市场。一九三四年在春熙路建成当时成都的最高建筑——新闻大厦,其负责人雄心勃勃地想把春熙路打造成成都的文化城。虽然这一设想因历史原因中断,却不能不让我们感慨历史的吊诡。

抗战时,春熙路也是一个大舞台。且说基督教青年会,在这一时期多举办文化活动,国画大师黄君璧、摄影大师郎静山就曾联合在这个会开过联展,四川漫画社曾在该会举行"抗日救亡漫画展"。丰子恺也在该会开过个人漫画展。漫画家谢趣生也在此会举行过"新鬼趣图"的漫画展。

一九四九年之后,春熙路得以更好地发展。一九九二年九月春熙路历史上的夜市首次开张。据说,那几年,一个夜市摊位转手就可以卖四万到五万元。春熙路夜市每米创造的利润达千元。后来根据城市经济的发展取消了夜市。二〇〇一年五月八日,成都市政府对成都市春熙路商业步行街改扩建工程全面启动。这条老街焕然一新。这是春熙路百年历史上最具规模、变化最大的一次"整容"手术。第二年,春熙路步行街开街,当天十万人游逛春熙路。

《新周刊》曾根据养眼、美食、便利、休息、人气和商业六大指数,推出"中国商业街排行榜",被誉为中西部第一商业街、中西部第一商家高地、成都金街的春熙路进入该榜前三甲,仅次于香港铜锣湾、上海南京路。今天的春熙路也还在延续着昔日的传奇前行。

人民南路史

说起成都的街道变化,不能不从人民路说起,这条路北起火车北站,穿过天府广场、华西坝,南到火车南站。这也是成都的中轴线。那么,从天府广场起至火车南站一段就是人民南路。李劼人先生说这条路的正式叫法是人民路南段,可是当时习惯上称之为人民南路。这条路最能代表成都城市的扩张。

天府广场,旧时称为皇城坝,其背后即明蜀王府、清代的贡院,这条街旧有牌坊,横额书"贡院"二字。街名即为贡院街,其南边还有三桥正街(在金水河北,河上有三桥),及三桥南街。这是民国时的事。一九四九年之后,根据城市建设的需要,贡院在一九五一年被成都市人民政府加以培修利用。作为大小会议场所的至公堂、明远楼,据李劼人先生的记录,就是这一时期的建筑。

一九五二年,在北京的苏联专家提出了"社会主义城市中心都应修建人民广场"的建议,成都修建大型广场的事被提上了议事日程。

这也就是天府广场的由来。当时,成都市政府上上下下不约而同地想到了皇城。在苏联专家的帮助和建议下,参照莫斯科红场和北京天安门广场,由市委组织部部长兼市政建设计划委员会主任马识途挂帅,在市中心新建人民南路一段,拆除了旧有的贡院街、三桥南北街等,形成由"皇城"城门洞往南直至红照壁长八百米的广场大道。虽然都是碎石路面,但北段已具有了中心广场的性质,专供全城政治集会和节日游行使用。此时成都市民仅有六十多万人,广场按需要只规划了三公顷地。城市的中心还是放在皇城三座门一带(今天府广场),从城市中心辐射出南北东西四条干道:人民南路、人民北路、人民东路、人民西路。当时设计的四条干道都很短,并没与现在的一环路相连接。但草图

明远楼正面(一九一一年)　(拍摄:[美]路得·那爱德)

以皇城为圆心,规划出绕城的一环路,这样一来人民南路的雏形出现了。

一九五三年,成都的第一个城市总体规划出台,其中一项重要的工程,就是打通贯穿城市南北的人民路。

规划出来后问题也接踵而至。当时的成都市市长——米建书提出打通横贯城市南北的人民路,按照构想,这条大道分南、中、北三段,并于一九五八年开始施工建设。这条路到底修多宽?当时就成了大家争论的焦点。

时任成都市副市长的李劼人说:"巴黎的马路宽七十米,我们也搞七十米吧!"但这遭到了很多人的反对。时任成都市委书记米建书的妻子马俊之在回忆录中曾专门提及:"这件事在当时阻力很大。一种意见说道路扩得太宽,没有必要;一种意见说拆迁太多,难度太大。"面对这些质疑,米建书很执着:"嫌扩得宽是缺乏远见,说拆得多是怕困难,这都不是共产党人的正确认识。今天你们嫌路修宽了,也许再过几年人们会说,这路修得太窄了呢。"

不过,尽管有不少人反对,人民路还是按照计划修成了宽马路。今天来看,这样的规划和设想是值得称道的。

按照成都市政的规划,贡院街、三桥正街、三桥南街拆除,扩建为成都市中心的主干道,总路名人民路。人民南路的定位也由此确定了成都最早的城市结构。

然而,要修建这条笔直的大马路,最大的难度是要穿过当时的华西协合大学校园。把学校一劈两半,校方能否同意?很多参与建设的人心里都没底。碰巧当时的华西协合大学校长刘承钊是个留美学者,思想开明、尊重科学。当米建书找到他谈及人民南路的规划方案时,他表示充分理解:"没问题,一致配合道路建设。"随后,米建书亲自实地勘测,向刘校长保证:"我把校北路的老建筑(第六教学楼)拆除,按原样搬到学校钟楼旁。在东西校门间开辟一条地下走廊,保证师生上下课和到医院的交通安全。"在人民南路修成后,效果令华西协合大学十分满意。马俊之在回忆录中特别写道:(道路)修成后,米建书亲自到云南选来法国梧桐,栽种在大道两旁。成都就有了第一条美丽宽阔的大马路。

一九六五年,成都市人民委员会将此路命名为人民路南段。一九八一年,地名普查时更名为人民南路一段,人民南路二段、三段、四段的命名也是由此而来。

一九六〇年人民南路 （图片来源：冯水木）

接下来的人民南路二段，即从光华街至滨江路一段，一九五八年，穿越原南昌里、纯化街、东桂街、金字街、东都街中部，才辟此路，名共青路。一九六二年城市扩建，干道向南延伸至火车南站，此路更名为人民南路。南昌里在一九五八年建锦江礼堂被划入建筑范围，此巷全部拆除。纯化街，西接南大街南口，东至指挥街南口，旧名南门三巷子。清代大儒刘沅宅在街南，其孙刘豫波也在此居住。街北有延庆寺，此寺元末创建，清重建。明杨升庵《金沙寺慈航桥碑记》云延庆寺为蜀城古寺。名书法家颜楷曾在寺内鬻书。一九五八年修建锦江宾馆，此街拆除几净，以其址为宾馆基地，寺亦不存。民国时，四川省议会设在此街，参议会也曾在这条街上。东桂街，旧名南门二巷子，街北旧有文昌宫，民国三年（一九一四年），设中国红十字会成都分会于此。街南有劝学所，光绪三十三年（一九〇七年）设，民国十八年（一九二九年）改为华阳县教育局。金字街，旧名南门一巷子。东都街，旧为马道，成街后名东马道街。这些街在一九五八年时因城建的需要拆除。

人民南路三段从锦江大桥至一环路南段。此路原名共青路，一九六二年改名南虹路。此段将原华西协合大学一分为二，此次的道路改建带来的固然是主干道的顺畅，却破坏了一个民国大学的完整性。

人民南路四段是从一环路南段至火车南站。此段为一九五八年新建。一九九二年版的《成都城区街名通览》载："原路系沥青路面，路面较前三段狭窄，八十年代后扩建，形成今貌。"虽然如此，人民南路所代表的是成都道路的延伸史。

人民南路有"天府第一路"之称，就在于其连接的是成都人生活的重心。餐厅、学校、百货大楼、新华书店等等分布在人民南路的两侧。在老成都人的记忆里，其代表的是成都人的生活潮流。随着新城市的规划，原来的商业店相继拆除，建起了更时尚的高楼大厦。由此，人民南路两侧整合了成都的核心商业区，串联了府南河工程。作为成都最重要的文教区，它集合了成都最先进的医院、最好的学校。同时,它还是不可忽视的一个产业区,包括后期成立的电子一条街等。而这条连接天府广场至环球中心的大道,更像是一条穿越线。

人民南路在今天主要承担交通的功能,道路两侧的新建筑更为时尚,而人民南路的南延线打通,使成都的出城通道更为便捷,而这条人民南路风景线在某种程度上也是成都最亮丽的地带。

二○一二年二月,成都正式提出了打造"百里城市中轴"的宏大构想——以天府广场为中心,将原来局限于主城区的城市中轴线沿人民南路、人民北路南北延伸、贯穿全域,准备打通一条北接德阳、南连眉山,全长八十公里、路幅宽达八十米、两侧各配置五十米绿带的城市中轴线。

街区:商业与生活

中国的城市发展正在经历跟美国大城市相似的过程,而这也促使更多的人关注简·雅各布斯的理论。随着城市拆迁的不断加强,旧城改造计划成为一种城市发展方式。近年来,成都城区的旧城改造基本完成,开始向周边城区拓展,比如北改计划的实施,带动的城北片区的重要变化。城市在不断地变大的同时,人们美好的城市记忆也在逐渐消失,这在城市的发展过程中所具有的得与失也时常被各种理论和逻辑所掩盖。

街区的概念,是由商业和生活所构成的,其组成部分包括广场、街道、建筑、公园等城市空间,它们可以五花八门,但在气质上是和谐的。然而,成都的街道的舒适性在近年也遭遇挑战。在我的印象中,早些年成都的街巷,随处可见浓荫的绿树,可如今在一些街巷却是难以寻觅,这也许是绿树带给城市环境的困扰吧。

一九九八年镋钯街老房子群落 (图片来源:冯水木)

在谈到街区生活时,早

在中国古代，就有这样的生活景象，但那时还没有街区的概念，早在中国唐代时期，就有了区别于集市贸易和单体店铺的商业街，长安就有著名的商业街：东市和西市。成都的集市早时也是如此。但随着城市的变大，生活的便捷与商业的结合也就成为了一种趋势。即便如此，摊大饼式的城市发展让成都也出现了交通拥堵、城市软环境无法跟得上等诸多城市病。

尽管如此，成都城区的商业与生活堪称是城市生活的典范。不少街区既能满足日常生活所需，又能健身锻炼。即便是新建的住宅小区，也有相当完备的配套设施。不仅如此，茶馆、食肆的数量众多，这样的街区形态，使成都人的生活更为便捷。

今天的步行街的完全步行化和公共空间的社会化决定了它的特性，它完全采用线性的街道来组织商业和人流，从而给购物者提供一个安全、清洁的购物环境。步行街远离汽车，购物者在步行街可以轻松自在地购物、休闲、娱乐，是一个理想的购物天堂，比如春熙路。在成都的一些区域性的商业中心也有步行街，但往往并没有完成相应的街区功能构造，以至于造成城市公共空间的浪费。

在《街道的美学》一书中，日本当代建筑大师芦原义信认为，一个城市可以没有广场，但是不能够没有街道，街道是城市的必然。城市比乡村更加秩序化，能够形成诸多的联动，其间的联系要素强调便捷性、顺畅性和多样性。所以，紧密、多样化、混合是城市最大的特点。设计城市是在理顺一种逻辑，不是在做图案。街道应该是紧密的，甚至说应该是最紧密的城市空间。街道在所有的城市空间之中是最多义的、最混合的。因此，它的有限空间之上叠合了如此众多的活动。于是"交通"，或者说"行走"相应成为了最具有城市象征意义的行为。行走是街道的本初目的，行走意味着交流，意味着沟通，意味着人和人之间协作的可能。行走在城市街道上，就是城市生活的最根本。正是这种行为才能够充分地将所有的行为连动起来！

在更多的城市设计者看来，城市之所以缺乏活力，在于街道所构建的空间在越来越宽泛的同时，也丧失掉了街道所应呈现的生机。今天的城市已经因为机动化的生活方式而失去了活力。未来的城市发展模式，首先要根据高质量生活的需要，以人为本，而不是车辆或机械，并注重于建立起一个新型的城市秩序。

那么,流行的"街区制"是否能带给居住者更为舒适的体验?从城市伦理上看,"街区制"更便于居住生活,但由此带来的问题是,以前所修建的住宅小区是不是都可以按此模式打造,拆除围墙、开放社区道路?似乎也不能够,毕竟对大多数居住者而言,安全感才是生活的第一要素。由此观察,"街区制"带来的问题可能远远比实际含义更大。虽然时下有不少"街区制"的成功个案,但这并不等于就能使我们的生活从住宅小区里解放出来。

根据城市的合理规划,才是解决城市生活难题的关键。因之,城市设计者以多中心精准定位来确定未来的城市功能区分。如成都的规划要求,除了中心城区这一特大中心城市外,成都还将构建八个卫星城、六个区域中心城、十个小城市、六十八个特色镇,形成全域统筹、城乡一体、协调发展的城镇体系。但这种功能区分,是不是就能让生活在其中的市民体验到更多的幸福感,也还是一个疑问。仅仅就行走、跑步而言,成都能够展开这样运动的街区还是极其有限,这说明,成都的生活质量也在下降,如何才能化解这一矛盾,需要的是对未来城市秩序的洞察。

新型的城市秩序或许是拯救城市未来的希望,通过对不同的街道的对比,期间的差异性或许更应该引起我们反思,这就像雅各布斯的一句名言所论述的那样:"当我们想到一个城市时,首先出现在脑海里的就是街道。街道有生气,城市也就有生气,街道沉闷,城市也就沉闷。"无疑,一座城市的街道就是这座城市的名片和妆容,其带给人的印象从侧面折射出一个城市的内涵、文化和艺术品位,更折射出的是城市权力和美学的意象。

基于这样的街道空间的想象,我们不难发现,在未来的城市街道上,要想使其更具有活力,需要解决的是既有街道的灵活性,也有人居的现实考量。

纵观当下的成都城市发展轨迹,不难发现,在市政建设大发展时期,许多具有纪念意义的房屋被拆除,过去的老房子摇身一变成为现代化的高层商务楼群。即便是老街区也以城市改造的名义遭遇拆迁。那么,随着老街区的进一步消失,城市的面貌固然为之有所改善,但如果一座城市缺乏了可以赖以存在的"记忆",即代表了城市文化的更迭是以呈现没落的姿态出现,是城市的损失,更是城市文化精神的沦陷。

对城市空间的未来探索,其实始终围绕的一个点就是人的因素,如何才能让人们在城市里更好地生活,才是城市发展的关键因素。因此,雅各布斯的理论和观点,对今天和未来的城市街道的发展,依然富有启迪意义。

上海作家陈丹燕曾说,老百姓在他的日常生活当中建立一个城市的气质。那么,成都的气质是由成都人所建立起来的。街区生活不管怎样地变化,但舍弃了商业与生活融合的可能性,就丢掉了街区的价值所在。因此,成功的街区给人们提供的是日常生活的便利,如果仅仅着重于商业,忽略掉日常生活,街区也就可能没有美好的未来。

公共空间新型思考

在《美国大城市的死与生》的导言中,雅各布斯批判了城市规划的三个思想来源:第一个是英国人埃比尼泽·霍华德提出的"花园城市"理论。这个理论试图以低密度的、具有田园景观的小城镇来替代他认为已经堕落不堪的大城市。第二个是法国著名建筑师柯布西耶的"阳光城市",在这个构想中城市是一个整齐排布着宏伟摩天楼的巨大公园。这些摩天楼间巨大而缺乏联系,完全被空旷的绿地和高架桥所隔绝。柯布西耶将之称为"垂直的花园城市"。第三个是美国人丹尼尔·伯纳姆倡导的城市美化运动,主要内容是在大城市建设一大批纪念性的标志性建筑,如市政中心、文化中心、大型纪念碑、城市广场等等。这些建筑从城市脉络中分离出来成为一个个孤立的物体。

成都某小区的公共绿地,成为市民游乐的场所
（拍摄:朱嘉婷）

雅各布斯认为这三种来源彼此联系,在美国大城市的规划中和谐地混合在一起,他们构想的图景或者诗意或者宏伟却都与城市实际的运转机制无关,雅各布斯认为这种"正统"的规划缺乏对城市生活本身的尊重与研究,城市成为规划的牺牲品。

随着城市变得越来越大,我们忽然发现城市的传统生活已经丢失：曾经的邻里关系让位于分割的城市空间。或许我们在一些场合见过美国人生活中的日常场景：人们三三两两散坐在街边的咖啡馆走廊上，迎面跑过的青年微笑着与你打招呼，耍酷的孩子在不远处玩滑轮。街道的转角处，有步行可达的百货超市、书店、面包房……没有围墙的隔离，没有保卫的森严，平和舒缓的气氛在街面上流淌，每个人都在自得其乐地享受生活。这就是典型的街区生活，一种真正以人为本的城市生活居住方式。对成都而言，城市在变大的同时，不同的区域也在逐渐形成差异化的街区。

然而，在日新月异的城市发展过程中，街区却在人们的日常生活中缺失了。人们住在封闭的匣子里，日益冷漠。城市功能分区的日趋精细和复杂，让现代人不得不花费更多的时间和精力适应更远的工作距离和更快的工作节奏，悠闲生活与实现自我成为一对无法调和的矛盾，鱼和熊掌不可兼得。

这种恶性循环引起了广泛的关注，发达的欧美国家早已开始了对城市的反思和批判。经历过发展卫星城等城市发展阶段性尝试后，如何保留城市原有的人类智慧成果，提升城市原有经济、文化、建筑等多方面水平，实现更好的居住功能，则是最新的城市规划理念所关心的命题之一。

在成都，既有天府广场这样的城市中心，也有环球中心这样新崛起的城市新中心，但到底该如何变化则考验着城市规划的能力。单从消费来看，玉林小区、棕北小区、桐梓林小区，大大小小有数十个之多，遍布的相似街区场景，让人容易迷失方向，这也正是城市病的所在。

由于封闭的社会在很大程度上影响了城市交通，这也在象征意义上表示，社区的封闭确实表示出城市公共性的退化。行人街道和城市广场是现代城市中最具传统的公共空间，历史上也曾包含着商业性因素。学者罗岗认为，市场运作的逻辑贯穿于城市空间生产的过程之中，空间被看作是具有交换价值的商品，商业空间自然成为了改造传统公共空间的主导性力量，那就是广场变成主题公园，街道化为购物中心（成都的各类购物中心有数十个之多，其商业的繁荣，似乎可避免城市陌生化）。

固然街区跟时下的社区有一定的差异，但表现出更多的相似性，因此，可以来观察街区的流变。如果回望过去，街区的组成就呈现出一个良好的生态：行人街道不仅用来通行，同时也可以有其他使用空间的方式，比如街头聚会、交谈甚至静坐。可是时下的许多商业空间虽然以"公共性"为旗号，却不再为人们提供类似的空间,有位作家写道,"促销小姐会来打扰,音乐声音妨碍交谈,甚至保安人员老是用监视的眼光看着那些'闲逛'的人群。"这似乎正在成为普遍现象。

从某种意义上说,商业空间要求阻隔人与人之间的互动,因为这是逾越流通和消费规则的行为。

不仅如此,城市的购物中心化直接导致了城市社区的封闭。封闭的社区似乎在内部重新构建出一个个具体而微的购物中心,有财产的居民在层层安全警戒下享受着消费的欢愉,他获得了一种"个性化"的生活,街区却失去了传统的公共性活力,沦为从一个消费空间到另一个消费空间的转移。

其实,街区面临的侵略不仅有购物中心,还包括街道、住宅密度和汽车的使用等等,街区的多样性被不断地破坏,这使城市变得越来越缺乏应有的趣味。面对越来越多的商业侵略,城市里的街道在不断拓宽,而街区也在不同程度地缩小。台湾作家张典婉有次来成都,坐在黄瓦街的路边茶摊上喝茶,随时都有小贩吆喝,叫卖各种物品。"这些成都的声音很迷人,适合做城市的声音,随着城市的发展,它们最终会越来越少。"她说,"在台北,这样的声音就很少了。"

让·保·里克特说,只有自由的灵魂才能永葆青春。那么,对街区来说,如果缺少了自由的元素,使街区看上去面目相差无几,仅仅是有地域的区别,这个城市注定是失败的,也会缺乏相应的活力。从这个意义上看,城市空间所赖以存在的街道和街区,正在随着城市的扩张,走向沦陷。

观察每个城市的街区,我们不难发现,每一个城市都有自己的商业核心,每一个商业核心都必然是这个都市现代文明的集中体现。但不管是哪一座城市,商业街区大都呈现的发展态势是由两种不同类型的商业街区构成的网络体系:大型商业街区和专业商业街。两者互相交叉,但又互相补充。

从全球来看商业街发展大体分为七个阶段。第一个时期就是集市贸易。第二个时期形成店铺格局。第三个时期,形成小的商业中心。第四个时期,大型商业街出现。第五个时期,规范化的商场和超市业态加入到流通领域以后,实际上就给商业街的结构增添了骨干力量。第六个时期是二十世纪六十年代,商业街由于中产阶级搬到郊区居住进入低谷时期。第七个时期,商业步行街增加 shopping mall(购物中心),出现购物、文化、娱乐、休闲、展示等趋势,商业步行街开始在各国获得大规模的发展。

成都的步行街也有着多样性,既有室内的步行街,也有户外的步行街,其要义是打造一个更为舒适的生活环境,在轻松愉悦的氛围里享受生活之美。

今天的步行街的完全步行化和公共空间的社会化决定了它的特性,它完全采用线性的街道来组织商业和人流,从而给购物者提供一个安全、清洁的购物环境。步行街远离汽车,购物者在步行街可以轻松自在地购物、休闲、娱乐,是一个理想的购物天堂。无疑,商业步行街将各种商业形态融合,使人们在购物的同时还观赏了不同的商业风景,既满足了不同群体的消费胃口,又最大限度地愉悦了购物者的心情。因此,世界许多城市,从南到北、从东到西规划了无数条大大小小、风格各异的商业步行街。法国香榭丽舍大街、美国第五大道、上海南京路、西安东大街,商业街区的繁华总是每个城市最具魅力、最繁荣的商业主旋律。

不过,在"第九代商业"看来,这样的商业街区固然能为消费者提供更多的消费空间,却满足不了消费者的更多需求。而且,商业步行街区因其占据的面积较大,由此形成的商业消费空间所呈现的态势固然是多样化的,但还是摆脱不了街区的定义与范畴。相对而言,第九代商业貌似城市综合体,却给消费者带来不同的消费体验和感受,与时下的消费空间相比,更为简约、朴素、自然。

事实上,在不同的街区所形成的购物环境、氛围是有极大的差异的,而消费者也习惯以商业行为分类,由此带来的商业模式所呈现的态势符合不同的消费人群,精准的商业模式定位则决定了城市街区的发展和空间。基于这个事实来判断,我们不难发现,商业街区的未来应该融合当下的街区的各种优秀形态,从而形成自己的独特风格,既开放又私密,既具有多样性也讲求环境的舒适度。在这样的环境里生活,其所得到的体验更为多元。在探讨街区的未来发展时,跨界思考与前瞻未来或许更为重要。

诚然,随着公共空间的转变,我们的日常生活也会随之发生变化,这是不可逆转的生活样态。然而,当我们只是沉浸在过去的美好时,可能就错过了身边值得珍惜的风景。那么,对公共空间的新思考,或许更容易让我们更适应、享受当下。

建筑的野蛮生长

行走在成都，不难发现老街巷越来越少，旧城改造计划陆续地推进，一条条老街巷就在日新月异中消失。有几年，我热衷于在老街巷里发现不同的"拆"字，但这无助于挽留老街巷。考察成都建筑的变化，也是耐人寻味的事。

旧时成都的建筑多是川西坝子上的传统民居，如位于锦江区四圣祠西街四十四号的谢无量旧居，建于民国时期，即典型的近代川西民居院落，主体为传统风格的四合院，门楼略带欧式巴洛克风格，呈现出近代公馆建筑的鲜明特征，反映了成都的传统文化和地域特色。

除此之外，也还有华西坝志德堂这样中西合璧风格的建筑，由英国著名建筑学家弗烈特·荣杜易（Fred Rowntree）设计，一九一五年建成。建于二十世纪四十年代初期的华西协合大学中国文化研究所，是砖木结构，亦是中西合璧风格。也有典型的欧式风格的建筑。如总府路八十一号院内的建筑，是建于民国时期的近代公馆式建筑。原为民国时期住宅，现为工行四川省分行、人行四川省分行及农行四川省分行宿舍，整体保存较好。该建筑是经过了严格设计和精细施工的宅邸建筑，受到了西方近代建筑技术的显著影响，是成都近代建筑中比较少见的类型，一定程度上反映了当时的居住文化和建筑特色，对于研究民国时期成都居住建筑的风貌和特征，具有重要的价值。

在现有保存的建筑当中，也还有综合元素的龙王庙正街七十号民居。其建于清末民初，建筑风格中西结合，既有川西民居，又有欧式小洋楼。民国时期曾是地主刘仲宣的宅院，现为锦江区房管局公房。改建及搭建也较多，毁损比较严重。这座建筑真实而生动地记录了旧时成都各个社会阶层的不同诉求和审美取向，保留了成都人的传统记忆，留下了老成都市井风情的痕迹，反映了时代特征和社会风俗。

然而，成都在旧城改造过程中，许多老建筑一一消失，即便是成都市前后列了五批历史建筑保护名录，其涵盖的成都的老建筑、民居也还是少数。尤其是民国年间成都还保存着的数量众多的公馆、民居，已消失不少。这不能不说是一种遗憾。

城市的起兴有时就在执政者的转念间。当城市大兴土木,为了未来城市的发展,修建道路,街巷、建筑也就不得不让步,华西坝因人民南路的修建,成为了东西校区,蜀都大道的修建,亦进行了相应的拆迁。这都是城市改造所带来的阵痛。

虽然从另一种意义上看,这是城市生长必然带来的结果。一九九一年,高达一百一十八米的蜀都大厦落成,这个高度在今天只能排在第五十位左右。由此带来了城市建筑的持续进化,直到今天这个过程也还没有完结。但从成都"身高"来看,成都生长的速度是惊人的:

一九九四年,四川中银大厦,高一百六十米。二〇一〇年,喜年广场建成,高一百九十米。二〇一二年,华润大厦建成,高二百一十一点八五米。成都西部金融中心(WIFC),高二百四十米。龙之梦新城,高三百米。成都·东方荟(文华东方酒店),高三百三十三米。保利国际广场,高三百六十米。成都·绿地中心,高四百六十八米。"二〇一二中国摩天城市潜力榜"中成都位居第八位。该报告认为,十年后的二〇二二年,成都最高建筑可能将比肩纽约。为什么成都热衷于建高建筑,而不是谋求地方建筑风貌与时代潮流的结合?这或许跟其倡导的国际大都会理念相关吧。

城市空间的持续扩大,让成都进入大城时代,各种形态的建筑风格鳞次栉比,形成各种风光的建筑物。这种差异化固然是城市包容性的体现,但却因丢失了原有的城市建筑生态,比如传统的川西建筑风格,恐怕就难以说得上是美好的事。日本著名建筑师隈研吾曾感叹:"这里的人很好,吃的东西也很好,自然环境也很好,但确实没有什么能让人印象深刻的建筑。某种意义上说,这确实是成都的悲哀,也是建筑师的悲哀。"这样的状况至今没有多大改观。

旧城改造,致使新的建筑物不断生长,有的是野蛮的
(拍摄:朱嘉婷)

这并非是成都人对建筑物采取无视的态度,而是在城市规划、建设中参与

的机会并不多。这不免让人想起被誉为"代表了二十世纪后期特征的建筑家"的日本建筑设计大师矶崎新曾说过的话:"在做建筑之前就需要考虑建筑内外的联系,特别是对历史、文化和城市的贡献,对建筑师而言尤为重要。"仅以川西建筑风格为例,如锦里街区被认为是民居风格建筑为主的老街道,但这只是一条商业街区而已。现代川西民居在成都已是屈指可数,这可能跟现代都市人的审美需求相关。

街道越来越宽的同时,建筑物在持续增长,每年都有数十个建筑物出现,它们风格各异,为这座城市提供现代化的同时,也在寻求新的天际突破,但这是不是一个国际化都市的未来呢?在建筑物上比肩纽约巴黎伦敦,倘若欠缺相应的文化追求,又能怎样?也还有待更多的观察。

在建筑野蛮生长的同时,成都也相继诞生了一批由著名建筑师打造的作品,如成都本土建筑师刘家琨的西村大院,这是一个可以"耍"的建筑设计,在刘家琨看来,是一个"情绪比较丰富"的建筑,而且有些情绪是"复杂而矛盾"的,比如既运用了传统的藻井、川西院落这样的建筑形态,同时也加入了长一点五公里的跑道、中庭运动场这样的现代功能,人可以在建筑里跑酷,甚至骑车。内外圈跑道相连后,形成交错上升,沿一个起点方向可完整环绕一圈的"莫比乌斯带"。呈院落式C形半围合、开阔中庭的建筑,又秉承川西民居"传统元素的现代表达"建筑理念。建筑主材更是采用建渣回收制成的环保再生砖,无辐射、低污染。此外,刘家琨在成都的建筑作品包括成都当代美术馆、水井坊博物馆、鹿野苑石刻艺术博物馆、蓝顶美术新馆,这里还有国际建筑师的作品,如隈研吾的知·美术馆、矶崎新的侵华日军罪行馆、切斯特·怀东的安仁博物馆飞虎奇兵馆、斯蒂文·霍尔和李虎的来福士广场、扎哈·哈迪德的新世纪当代艺术中心等等。

看似现代的都市建筑是不是丢掉了城市灵魂?在这一点上,城市规划者似乎关注的不够。一九九九年六月,世界建筑师大会通过的《北京宪章》提出:"随着全球各文化之间同质性的增加,对差异的坚持可能会相对增加。建筑学问题和发展植根于本国、本区域的土壤,建筑形式的意义来源于地方文脉,并解释着地方文脉。"具体到成都而言,本土地产商王晓白说:"建筑,既不是陈年老屋的复制,也不是海派住宅的翻版,更不是欧洲古典的抄袭,而是人文传统与现代文明的完美结合。"

很显然,这样的完美结合出现的几率不是特别高。这也是城市大跃进式发展过程中所应付出的代价。

纵观当下的城市发展轨迹,不难发现,城市的变迁史更多的是记忆史。近年来,成都在建设国家中心城市的新机遇下,明确提出要传承和繁荣城市文化,加快建设西部文创中心和世界文化名城,提升与国家中心城市相适应的软实力。成都在二〇一六年被评选为"中国大古都",这即说明了城市执政者也在努力调和城市的发展调性。

野蛮生长,带来的是城市建筑生态的破坏,即便是尝试做一些必要的改变,使建筑更人文一点,却也只是局部的改变。对城市而言,这样的发展,得与失、利与弊,都是无法回避的问题。到底城市的持续增长,是不是就是城市的胜利呢?这个答案现在虽然尚不明朗,但却是无需争辩的了。

北改与城市功能的变迁

如果说旧城改造让城市焕发新的容颜的话,那么,城市的大规模建设并不代表盛世时代的到来,更多的是从城市商业规划、布局来考量这一轮城市建设。成都在二〇〇〇年前后,许多街区的面貌依然是"旧"的,城中村如曹家巷、川音小区、莲花小区(包括老旧院落和老旧市场)等等还有不少存在着。

旧城改造常常被理解为"升级换代",但在运作过程中却有可能存在许多问题。成都市二〇一五年五月出台的《关于进一步加快推进五城区城中村改造的实施意见》提出,力争在二〇一七年底前,基本完成成都五城区城中村改造工作,通过城中村改造,破解城市二元结构,推进城乡统筹发展,完善城市功能,提升城市形象。这其中涉及近年来最大的旧城改造项目。

我们不妨先来看看"北改"的总体情况:北改工程规划总为一百九十五平方公里,涉及金牛、成华、新都三个区,其中集中实施改造的范围约一百零四平方公里。

有关数据显示,北改工程项目约三百六十个,总投资约三千三百亿元,其中二〇一二年启动的项目约两百个。按照这个规划北改工程的规划区域为:东起新成华大道,西至西大街—金牛大道(老成灌路),南抵一环路(局部至府河),北至绕城高速金牛、成华北边界,总面积约一百九十五平方公里(含绕城高速内新都区部分区域),其中要集中对总面积约一百零四平方公里的"四轴四片"中金牛、成华区的重点区域实施改造。涉及新都区的北改工程范围，由新都区按"统规自建"的方式进行改造。

如此庞大的"北改"工程，是逐年循序渐进推进的。即便如此，也是带动成都北部城区发展的契机。在以往的城市建设中，北部是相当落伍的地区，旧时成都有一种说法："东穷，西富，南贵，北乱。"这里单说北乱，乱是说治安混乱，皆因此地有火车北站，以及梁家巷、城北、五块石等汽车站，这就在某种程度上增加了治安难度，在驷马桥虽有水果批发市场，道路也相当破旧，走在这一区域跟城南、城西相比，最明显的感觉是城区建设落伍了许多。

在此需回顾一下成都发展的历程。成都城区最近三十年的规划发展是以城区为主的发展模式，尤其是带有示范作用的区域如春熙路、人民南路等地发展尤其迅速，其次是沿着锦江进行规划，在这个过程中，城中村改造加速，这就让成都的面貌焕然一新。

对大多数市民而言，这种大规模的改造也是一种阵痛，城市变大变美的同时，老旧小区的居民相继拆迁，被安置在相对偏远的小区。摊大饼式的城市规划，在让城市快速成长的同时，也难免染上大城市病。城市基础设施无法跟进，则让城市远离了宜居的可能。成都在发展的过程中，也难免产生诸如交通拥堵、医疗条件跟不上等弊病，在城市急速发展的同时，古旧建筑一一消失，这种急功近利的做法，让成都丢掉了传统记忆。虽然，后来打造的宽窄巷子、锦里、文殊坊等传统街区，似乎可以弥补这种过失，但也只能是局部修复了成都人关于老成都的记忆。

北改的过程就注重避免走上老路。比如针对天回镇的改造，就充分挖掘天回镇的历史文化内涵，将天回镇打造成集传统历史文化、民俗商贸为一体的文化旅游片区，形成具有川西特色的文化地标。运用昭觉寺的丰富禅文化、茶文化底蕴，结合驷马桥、三洞古桥的历史典故，提升打造驷马桥片区的文化元素。运用大熊猫稀缺文化优势，打造国际大熊猫文化品牌。此外还要继续扩大"欢乐谷""东郊记忆"等项目的现代文化娱乐效应，努力为居民、消费者提供丰富的文化娱乐产品。

李劼人先生在《死水微澜》中描写的天回镇川西民俗风貌，在今天看来依然有着无上的魅力。如何结合小说打造川西民俗风情，而不是一味地拆建，还是值得思考的问题。成都地方文史专家肖平先生认为，在围绕历史地标打造文化街区、文化景观,以实体形式呈现成都北部历史文化时,尤其应注意发扬特色,避免拾人牙慧的山寨建设。似乎这也是一厢情愿的想法。

当然这只是"北改"中的个案。作家陈冠中曾说:"有一百个理由不该在北京生活,为什么还在这!"那时因为北京给人无数的发展机遇,即有波西米亚生活的空间,而"北改"带来的是什么?是能够使城北生活更宜居吗?

单从成都楼市上看,成都已形成全新的城市功能分区状态。"南富、西贵、东升、北起。"不仅如此,在城市规划中,也特别强调城市功能的分区。在专家看来,北改,也必将改变成都的城市发展格局,完成北城的华丽蜕变,这是城市理想。

成都二〇〇三年至二〇二〇年的城市总体规划提出了城市结构的变化,即由单中心结构向多中心结构发展,形成由市中心—副中心—大区中心—居住区中心构成的城市结构。按照这一设想,以金融城、大源为核心的"南中心"已经呈现。城西也以金沙、光华为中心,形成了人口密集、商业繁荣的居住带。城东则形成了面积达四十一平方公里的文化、创意产业聚落,而"北改"则促进了北部新城的发展,但尚未形成"北中心",这既有历史原因,也有"北改"的规划因素。"北改"在某种程度上更注重城市地产的开发,而非城市规划的升级换代,从城区规划、老旧市场拆迁上看,也只是一种腾笼换鸟的做法,缺乏更有深度的城区规划,这并不像天府新区那般显示出更符合城北发展理念的规划(虽然随着产业结构的调整,完成了城市功能的重新划分)。

这里且看这一个个案:位于城北的跃进村中心片区建成于二十世纪五十年代,曾是西南地区最早形成的农民集中居住区,多为老旧农房商业街和低洼棚户区。根据"北改"的规划,此一片区将成为融文化艺术与生活为一体的"跃进艺术公社",集中打造成为文化产业聚集的城西北文化艺术高地。在这里,将汇聚艺术机构、先锋创意、传媒机构以及众多的艺术家、设计师、手工艺者。同时,规划者认为,对跃进村的打造将保留跃进村原有街巷格局肌理,同时为街巷注入艺术体验,增添精品手工坊、创意画廊等文化艺术主题体验店,构筑文化艺术交融的金牛国宾形象。

"北改"作为一项城市工程,在某种程度上,是在提升城北居民的居住幸福感。舍此,即便是投入再大的发展成本,也难免让"北改"沦为城市开发的代名词,尽管城市改造在多数时候,就是一种城市资源的开发和利用。

爱德华·格莱泽在《城市的胜利》中说:"评价一座城市成功与否的依据不

拆迁的跃进村 （拍摄：朱嘉婷）

是它存在的贫困现象，而是它在帮助比较贫困的人口提升自己的社会和经济地位方面所做出的成绩。如果一座城市正在吸引着比较贫穷的人口持续地流入，帮助他们取得成功，目送他们离开，然后再吸引新的贫困移民，恰恰证明这座城市为人们提供了更多的经济机遇、公共服务和生活乐趣。"不过，这部书看上去更像是为中国城市化呐喊助威的一本书。那么，北部新城的发展过程中的得与失，也许需在数年之后才会有更清晰的认知。

城市美学的重构

谈起城市的变化，不能不说到城市地标的变迁。毕竟城市地标建筑如一张张城市名片，在展示城市变迁新貌的同时，也是一座城市现代化发展的高度体现。地标也是代表着一座城市的文化标识，但也区分为建筑标识、街巷标识、文化标识等内容，同样这也是城市美学的重要组成部分。

今天的城市美学，涉及研究城市文明建构的硬件规划管理（如建筑、景观等），以及城市文明的内部协调机制——软文化的设计规律，如商业、教育、住宅、文化的区域功能规划管理，城市的可持续发展规律，人与自然环境、人文生态环境的关系的和谐规律等。

在成都，安顺廊桥、川大钟楼、塔子山九天楼、武侯祠、望江楼代表着成都古文明的传承，是成都历史上的古老地标建筑。而今也有红照壁口的仁恒置地广场、全球第四座来福士广场、盘踞万年场的华润万象城、目标四百六十八米的绿地中心、亚洲最大单体建筑新世纪环球中心……在媒体报道中，时常涌现出这样的论调：这些新的地标建筑的涌现则是成都城市发展与房地产行业共同作用的结果；这些地标建筑是城市副中心发展的主要承载者；是满足人们商务、爱情、聚会、娱乐等需求的主要承担者;是成都接轨国际的窗口;是城市形象和气质的代表者。这些地标建筑因城市发展而生,同样也在推动着城市的发展。它们的出现改变了城市单一中心的格局,促进了区域经济活力。

不过,这也还得从成都城市标识——太阳神鸟说起,这是世界上首个以本地出土文物为核心元素的城市形象标识,既有"环形与不断围绕圆心旋转的太阳,象征古蜀先民对太阳的崇拜",又可"符合成都作为中国西部特大中心城市、西部大开发引擎城市开放包容、活力无限的城市特质",可谓成都新时期的特殊符号了。从成都地标的变迁,也许更容易明白民国以降的成都城市变化。李劼人在《成都历史沿革》说:"由公元一九一二年起推倒清朝专制统治后,直到一九四九年年底解放时止,三十八年当中,成都的变化太大,但不是变好,而是向坏的方向走。"他举例说,大城城墙从一九二四年开始被破坏,就渐渐消失了;满城之墙从一九一三年就陆续拆毁了;皇城城墙从一九二七年破坏;红照壁在一九二五年拆毁;贡院从一九〇六年科举废后,几经变迁,最后划为四川大学校舍,抗战后四川大学迁走,曾遭日本飞机轰炸,原有建筑物被毁不少;金河和御河也在逐渐消失。一九二四年成都修建马路,城内街边才渐渐拓宽,将全城石板街面完全改为三合土路……民国时的成都,我们不难想象是怎样的场景。

一九四九年之后,尤其是进入五十年代以后,在大规模的城市改造和轰轰烈烈的政治运动中,"皇城"与"皇城坝"遭受了巨大破坏。一九五一年,"皇城"的城门洞以南被拓开了七十米宽的人民南路(蜀都大道为同时修建的道路)。成都的地标建筑为成都天府广场展览馆(后改为四川省科技馆),一九六七年五月,四川省革命委员会筹备小组决定拆毁少城,修建"敬祝毛主席万寿无疆展览馆"(简称"万岁馆")。落成的"万岁馆"布局状若"忠"字,和其前的巨型毛泽东挥手像,形成一种奇特的互文。此外就是春熙路的变迁。作为商业步行街,春熙路是一种软硬兼施的地标。硬邦邦的是商业物质文明,软绵绵的是步行休闲生活。尽管如此,这条街也是成都人最爱游逛的地方。

半个世纪以来,成都人生活坐标变化不是很大,盐市口、春熙路、人民公园这些地方一直是成都的地标。随着城市的新规划,成都城区南移,打造天府新区的背景下,成都环球中心成为新的城市中心,天府广场也还保留着其应有的地位。宽窄巷子、锦里成为成都人的新消费代表,替代了此前的城市坐标。这是一种进步吗?似乎也不完全是。一八九八年,英国城市规划师霍华德针对英

闲雅成都

城市美学,被重新划分、装饰,带给人们的是新奇的视界 （拍摄:朱嘉婷）

国快速城市化所出现的交通拥堵、环境恶化以及农民大量涌入城市的城市弊病提出了"田园城市"设想和设计。成都将此理论拿来,并升级为"成都世界田园城市",这比此前的休闲之都多了些正能量。但城市生活并不是标签所能涵盖的,也需要软件和硬件予以支撑。因之,成都以多功能多中心的态势亮相,这固然造就了多个坐标,但这繁星的坐标是一个城市的未来吗?

除了城市地标,还可从城市中轴线来看城市美学的建构。在锣锅巷与文武路交叉路口西侧人行道上,有一个直径二点五米的青铜盘,上面刻着金沙太阳神鸟的符号,被雕琢成剪头样式的"东""南""西""北"四个大字,分别指向四个方位。"一九五六年成都市平面坐标系统原点"的字样,表明了它的身份——这里是"成都原点"。这个原点,在地理含义上,它代表城市核心区域的精确位置(以经纬度标示),并以此为起点计算该城市与其他城市之间的地理距离。在文化含义上,它反映一个城市的地域特点和历史文脉,是城市重要的标志性景观,也是体现城市历史与发展的缩影符号。

成都城市坐标数百年来,一直是在南移,从武担山到锣锅巷,再到天府广场,以及成都环球中心。这沿线构建的城市美学才是成都发展的脉络所在。此外,还有一条线值得关注,那就是中轴线。成都最早的中轴线起始于明皇城,随后清贡院延续了这一传统。直到一九四九年之后,人民南路的打通,延续着成都的文化长廊。这条城市中轴与成都河流的东西交汇,构成了成都的核心区域。

数百年来,不管世事如何变化,这条中轴线一直在延伸。二〇一五年,成都提出打造百里城市中轴的构想,它将以天府广场为中心,北接德阳、南连眉山,全长八十公里。它将是城市最主要、最重要的景观带,也将是一些重大标志性建筑、重大综合体的密集布局带,"沿途串起成都三千年的文明历史遗迹,将城市的古与今如画卷般展开在我们眼前"。之所以有这样的构想是源于巴黎的中轴线香榭丽舍大道,其连接着十八世纪的卢浮宫、协和广场,十九世纪的凯旋门,二十世纪的拉·德芳斯。这种拿来主义使成都的城市定位呈现出漂移的状态。对成都人而言,生活美学才是最为重要的,这就使茶馆文化、农家乐成为成都人的最日常生活方式。

在后现代城市美学看来,在人的"能动的"设计和建造之前,存在已然先行聚集于城市的一切"设计"之中,已然先行栖居于城市的所有"建造"之中,人与城市的关系是从根本上得到思考的栖居。那么,以此关照成都城市美学的流变或许会发现,这既有世俗的一面,也有潮流的一面。

这或许可从桥梁反映出来。近几年,成都高新区建造了六座新型桥梁,各具特色,比如"锦云桥"借鉴了纽约高线公园的设计理念,将会成为天府大道上一座"空中花园走廊"。这"锦云桥"是桂溪生态公园跨天府大道的人行天桥。桂溪生态公园是"海绵城市"理念在成都高新区的生态实践,公园内有一块超过五万平方米的草坪与林荫绿道慢跑体系,可有效降低周围片区的热岛效应。天府二街人行桥取名"如意桥",此桥全长三百三十一米,将横跨天府二街,连接南侧大源中央公园与北侧城市空间绿地,连通大源水系绿地链,使人行步道及自行车绿道在一片"鸟语花香"中得到延续。桥的立面造型以"音律"为灵感——强调桥梁形体起伏,如音乐韵律的流动。

有了这样的新型城市美学的介入,成都也将变得与众不同。而老城区也还在有序发展,这就注定了城市活力的持续不减,如此才更具有美学魅力。

二〇一六年五月,成都被确定为国家中心城市,随后即启动《成都市城市总体规划(二〇一六—二〇三〇)》修编工作,成都本土有关媒体报道说,在此次新一轮城市总体规划的编制过程中,不仅将体现全国视野,更要继承和发扬成都在过去规划工作中明确的"四态合一""大都市区""网络城市""小街区规制"等先进理念与做法。此举或许能够给成都带来更多的新变化。但仅仅着眼于城市美学的创新,忽略掉城市文化脉络的传承,可能就适得其反,即便是出现全新的城市形象,在美学上也会有所折扣吧。

城市美学的不断解构、融合,恰恰说明了成都的城市活力所在。这座城市今天依然在蜕变,未来会走向哪里,给人无尽的遐想。

四　文化篇

两江文化的勃兴

　　成都早期的发展受地理环境影响比较大。甚至可以说,成都城市的规划、文化的延展无不与"两江"相关。更确切地说,在交通不发达的时代,"两江"使成都变成一座滨江城市,为成都构建了一水通天下的黄金水道,改变了成都地理位置上的闭塞的劣势,沟通了西部内陆与东南沿海的联系,也促进了成都的商贸繁荣,提升了成都的经济、社会地位。

　　"两江"给成都城带来便捷的同时,也拓展了成都的发展脉络。《史记·河渠书》中说:"穿二江成都之中,此渠皆可行舟","有余则用浸溉"。范成大一一七七年六月二十八日从成都到郫县,在途中看到了等雨插秧的景象:"前两旬大旱,种几不入土。临行连日得雨,道见翁欣然曰:今年又熟矣!"迨至郫县才见"家家有流水脩竹"(《吴船录》)。这与江南水乡相似的风景,倒也是成都旧时的一景。

　　"两江"影响成都人的生活至为巨大,由此延伸出来的"两江"文化是独特的一景:

　　其一是营造优美环境。"两江"的支流解玉溪与金水河均系唐代所开,自东向西,穿城而过,并于摩诃池构筑成完善的城市河湖水系,具有供水、排水、蓄水、滞洪、环保等多种功能,让成都成为名副其实的活水之都。为成都营造出优美的生态环境和优雅的生活空间,成为一座被鲜花和流水环绕的城市。拥有"四十里如锦绣"的满城芙蓉,"二十里中香不断"的长廊梅花,"远近林盘如绿岛,万顷佳禾似海洋"的独特林盘景观。这种境界在唐代—五代—宋代达到极致。在花蕊夫人的一百首宫词里展现得淋漓尽致。

其二,孕育特色工艺。"两江"将岷江引入成都,不仅水量充足,而且水质优异,由此孕育了著名的成都丝绸——蜀锦,蜀汉政权在成都城南今百花潭一带设锦官城。蜀锦行销魏、吴,成为蜀汉政权的重要财政收入。杜牧在扬州目睹"蜀锦红船重"的盛况。蜀中造纸制笺业、酿酒业也得益于优良的水质。

其三,繁衍城镇群落。"两江"通航对成都平原的发展非常重要。由于水运便利,形成许多码头、村落和乡镇。汉代,于"两江"流域设置郫、新繁、新都、广都等县;唐代,成都府所领十六县全部在都江堰灌区,其中大部分地处"二江"流域。成都平原县一级行政区的密度与长安、洛阳、扬州不相上下。成都平原人口东汉中期达一百八十二万,唐代达一百六十万,都可以说是最繁华的。

其四,催生优秀文学作品。"两江"营造的优美生态环境和优雅的生活空间为寓居此地的文人墨客留下太多题材。江川之秀、景色之美、物产之丰,催生出历代咏颂成都的无数诗赋。西汉扬雄、东晋左思写下了脍炙人口的《蜀都赋》,李白、杜甫、岑参、武元衡、刘禹锡、薛涛、花蕊夫人、宋祁、陆游、杨慎、杨燮、李调元等历代诗人留下许多咏诵成都的诗篇。尤以李白的诗歌《上皇西巡南京歌》最著:"九天开出一成都,万户千门入画来。"

学者冉云飞在论述两江发展对成都的影响时说,设若只有环成都之二江,散发出相应的魅力,那么成都的格局,便不是被二江环抱,而只是环二江之滨发展。这样就会使成都城址发生变化,比如靠近今科技馆、后子门、青龙街及北较场一带就不可能取得良好的发展,大、少二城的交结及其城址,就只有迁徙而没有继续存在的理由。

成都在古时号称"陆海",沼泽之地甚多,除了稍后李冰所穿之内外二江(后被高骈改为今道),在城内亦是沟渠纵横,有一百多条之多,冉云飞先生说,从今日尚存之众多桥名

万里桥旧影

如青石桥、桂王桥、高升桥、三洞桥、玉带桥、半边桥、落虹桥等已不难侦知，而城之西面、南面分布着"七星桥"。加之后来韦皋镇蜀开解玉溪，白敏中执掌成都疏浚金水河，使得城市内部的渠道更加畅通成为可能。更为实质的是，由此拓展了新的经济增长区域。比如唐玄宗敕建大慈寺，使得成都东郊逐渐繁荣，加之由西北引内江水入城，凿解玉溪，经城中斜向东南至大慈寺，而稍后白敏中于城中所开的金水河，亦在大慈寺一带与解玉溪汇合，于东郭附近又流入内江。因此才有唐宋两代大慈寺的繁荣，也才有《岁华纪丽谱》所言的"暮登寺门楼，观锦江夜市"。自然，解玉溪、金水河这样的城内河道，对综合发挥城市的作用是很大，诸如可供城中用水如消防、排污——当然更为先进的做法是，大慈寺僧众多达八千至一万人左右的时候，其大便即可通过金水河运到粪草湖街，再转运其他地方，而最终成为农民的肥料。大抵是可以据此与农民以物易物如柴草，或许可以卖给他们，总之不会无偿运送——汛期防洪、行舟运柴米入城区等。

在某种程度上，通过成都"两江"的格局和内河的演变，大致可以看出成都发展的脉络：若是没有内河的修建、改进，成都也还是难以有较大的变化，比如防洪防涝，比如生活生产，都需要河流的疏通，才能带动城市经济的发展。这也是成都最具有特色的地方所在。

在古代的方志里提到的成都人，都是不愁吃穿，热衷于寻欢作乐的乐天派，这很显然是得益于城市商业的繁荣，也才有了消费水平的提高。《蜀都赋》记载了当时蜀都的地域情况、经济状况及城市面貌等。当时蜀都手工业商业极其发达，文中写蜀锦："尔乃其人，自造奇锦。……发文扬采，转代无穷。其布则细絺弱折，绵茧成衽。阿丽纤靡，避晏与阴。蜘蛛作丝，不可见风。"蜀都城市建筑发达，街道纵横错落有致，人流车马熙熙攘攘，"东西鳞集，南北并凑。驰逐相逢，周流往来。方辕齐毂，隐轸幽輖"。巨商富豪云集，生活极尽奢华，"百金之家，千金之公……置酒乎荥川之闲宅，设坐乎华度之高堂"。贸易的繁荣景象恐怕也是一时之最："万物更凑，四时迭代，彼不折货，我罔乏械。财用饶赡，蓄积备具。"

"两江"正是成都流动的风景线，这带给成都人的不只是生活灵感，也还有对世界的认知高度。

除了在动荡年月里，成都的城市生活大致是以这样的形态亮相于世界。因

四 文化篇

之,不少外来的文化人到了成都,见识了成都丰富而又多元的生活,真是惊为"天府之国"。

漆艺和茶文化

汉代成都,经济发达。单从漆艺和茶文化的发展看,就可注意到这一时期的成都人的生活是怎样的丰富多彩。

成都漆器又称"卤漆",以精美华丽、光泽细润、图彩绚丽而著称。有史料说,成都漆器最早在商周时期。从战国时代起,四川因盛产生产漆器的主要原料——生漆和朱砂,开始成为著名的漆器制作基地。《史记·货殖列传》:"木器髹者千枚"、"漆千斗"。漆器种类包括漆盒、漆盘、漆壶、漆杯、漆奁、漆梳等日常生活用品,且这一行业的从业者众多。《隋书·地理志》:"人多工巧,绫锦雕镂之妙,殆侔于上国。"

两汉时,成都、郫县和广汉县城北所产漆器已独步天下,成都漆器行业已有专门作坊。且作坊内部有严密的组织和劳动分工。

金沙遗址出土的漆器残片现在依然文饰斑斓,色彩亮丽。此外,长沙马王堆汉墓、湖北江陵凤凰山汉墓、贵州清镇、平坝以及蒙古诺音乌拉、朝鲜平壤王盱墓、古乐浪郡等地先后出土的汉代精美漆器,都刊有"成市草(造)""成都饱(饱,重复漆的意思)""蜀都作牢""蜀都西工""成都郡工官"等铭文,它们就是当时成都漆艺鼎盛辉煌的佐证。

贵州清镇出土的漆耳杯上有铭文:"元始三年,广汉郡工官造乘舆髹羽画木耳杯……素工昌、休工立、上工阶、铜耳黄涂工常、画工方、羽工平、清工匡、造工忠造。"元始是西汉时汉平帝刘衎的年号,可见历史悠久。此时的漆器所涉及的工序包括造型、打磨、髹漆、铜饰、绘图等若干道工序。

成都的漆器作品

117

相关史料在记录成都漆器时,并没有说明生产区域在何处。但根据城市规划的考量,商业多集中在南市,那么,漆器生产基地是作为"工官"项目之一出现的。秦时称蜀郡"东工",其下项目包括冶铜和制造兵器、制陶、漆和漆器等,这是按照上级部门的要求生产相应的物品。西汉时,这些工官称为"西工",其经营项目又有所增加,包括各种兵器、治车、漆器、铜器等。为了保证产品的质量,实行"吴勒工名"制度。其旧址在当时的成都西郊外,即今天的青羊小区、白果林小区等范围。那么,也就是说这个工业区与锦官城、车官城有着紧密的联系,或与今天的工业区极为相似。

成都的漆器生产有两条生产线,官营和私营。私营的漆器需要经过政府市场管理机构的检查监督,此机构,秦时称为"亭",西汉时称为"市",检查征税之后,就在私营漆器上盖"成亭"或"成市"的印戳或刻画有关文字。

此时成都生产的漆器品种很多。《四川工艺美术史话》说:"有兽衔环式大型漆匣、彩华漆奁、金铜釦漆盒、雕纹漆扁壶、漆盘、盒、碗、耳杯、卷筒、匙、砚等。这些漆器绘有双禽、熊、蟠螭、虺龙、麟、鹿、神仙画像等美丽生动的花纹,有红、黄、黑、绿等鲜明又调和的色彩。缘着漆器的边口,有坚固精致的金银釦饰。"

值得一说的是釦器,它是用金银或铜来缘饰漆器的边口,或镶嵌柄耳,或作纽饰、耳饰。釦器不仅让漆器更加富丽堂皇,而且也起到了加固的作用,但制造工艺复杂。《盐铁论·散不足篇》形容它是"一杯卷用百人之力,一屏风就万人之功。"《蜀都赋》说:"雕镂釦器,百伎千工。"

与釦器类似的还有错器,是用金银来嵌饰器上的花纹,因为交错成纹,称为错器。《盐铁论·散不足篇》记录,西汉的富豪人家用"银口黄耳"的漆器,中等人家用"金错蜀杯"。这个杯子的价格,在汉代是"一文(纹)杯得铜杯十",可见它是何等的金贵。

可以说,每一位漆器的生产者,都是生活美学家。而这些漆器多是日常生活中的用品,这也显示出了成都人的审美趣味。

当时在手工业发达的都市都设置有相应的工官,以管理手工业的健康有序发展。在成都制造漆器和金银器的工官每年耗用的经费达五百万钱,由此不难猜想制作漆器的规模是怎样的。

唐代四川漆器生产更为普遍,单是乐器如七弦琴、雷威琴等都离不开髹漆工艺。在前蜀皇宫的日用品中还有金银胎漆碟,雕镂精工。可见漆器的技术上多有突破,日臻完善。

在明清时期,成都是全国著名的雕漆填彩漆器产地之一,漆器的种类达到十四类,有一色漆器、罩漆、描金、堆漆、填漆、雕填、螺钿、犀皮、剔红、剔犀、款彩、戗金、百宝嵌等,充分展示了中国民间技艺的创新能力。清末设在皇城后子门的劝工总局开办各种工艺工场,为成都漆艺培养了一批卤漆匠师。

民国抗战初期,成都科甲巷、小科甲巷、太平街等三条街是专门生产、经营成都漆器的场所,也还是成都特产。在今天,漆器却没落、落寞了许多。

与漆器相比,成都的茶文化同样历史悠久,独步天下。

不过,汉六朝时代,中国的茶文化尚处于成长的阶段,与唐以后的繁荣相比,虽然资料很缺乏,但从不少考古资料可以看到这一时期的茶文化也是有自己的特点的。

成都今天的茶馆众多,也是由来有之。在古代药书《神农本草》中就记载有关于益州川谷山陵道旁的野生茶树其叶可以治病的内容。在陆羽的《茶经》中亦有记载:"茶者,南方之嘉木也,一尺二尺迺至数十尺,去巴山峡川有两人合抱者。"这是关于茶树的记录。不过,在西周初期,巴蜀已发展到园庭中有人工栽培的茶树。到秦汉时代,巴蜀栽培茶树的渐多。

秦始皇统一中国,而西汉开国皇帝刘邦巩固了国家的统一,促进了巴蜀与全国各地的经济、文化联系。从此,巴蜀的茶种和茶叶生产技术,才逐渐传播到长江中下游去。

正是基于这个原因,清代顾炎武在《日知录》里说:"自秦人取蜀之后,始有茗饮之事。"

在王褒中的《僮约》记载了"武阳买茶",由此可知在西汉时,在成都彭山一带,茶叶有了专门的市场,这已经成为普通的商品。成都及其周边因有了简单的茶叶加工技术,茶叶逐渐发展成为商品。因此,这也说明成都的周边是种茶、制茶最早的地方。此外,从《僮约》中,我们约略可以知道,在成都地区,烹茶是同饮食烹饪一样重要的日常生活,而且有专供烹茶用的器具。

《成都通史》说:"秦汉三国时期。黄龙溪的前山、后山以及彭山和蒙顶山等地生产茶叶,并涌现出众多的茶叶作坊。"虽然此说很笼统,但可说明成都人对茶的认知高度是举世无双的。

之所以这样说,是因为在考古资料中,成都地区的茶具相当发达,在成都羊

茶文化深深地浸润着成都人的生活

子山一七二号墓的挖掘中,发现可以用作煮茶、盛茶的器具。二〇〇一年四月,在苏坡乡发现的战国晚期至西汉初期的铜小口圜底釜,可用于煮茶,成都人的饮茶史也足以证明是最早的。

茶作为四川的特产,以贡茶形式传到京城长安。明代陈霆在《雨山墨谈》中记载了赵飞燕赐茶的故事,说明长安宫廷和官宦之家已经知道饮茶。

三国吴国陆玑《毛诗草木鸟兽虫鱼疏》记录,成都人喝茶是煮的方式,且要加进去花椒的叶子。花椒"不中合药也,可著饮食中。又用蒸鸡豚,最佳香。"煮茶时加进花椒叶子,就是为了增加茶的香味。

至隋唐时,茶叶已成为成都农业的支柱产业。陆羽《茶经》记录了当时产茶的三十一个州,川西平原以及周边地区就占了彭、绵、邛、雅、蜀、汉七州。韩愈在宴请河南府秀才时现场写诗:"芳茶出蜀门,好酒浓且清。何能充欢燕,庶以露厥诚。"

《四川茶业》说:此时"茶叶生产成为农村中一项重要的副业,焙制茶叶的作坊也相继出现。加工的茶叶种类有粗茶、末茶、饼茶等,除运销内地外,涵盖逐渐传入西北、西藏等边疆少数民族地区"。正是茶叶的兴盛,才有了茶马古道的出现。大唐帝国与吐蕃开始茶马互市之后,茶叶的价值就被提升到一个全新的高度。

唐朝从德宗建中三年(七八二年)开始征收茶税,十分税一。相关数据显示,贞元年间至唐末,每年的茶税收入在四十万贯左右。这也说明茶叶的市场庞大。那么作为重要的产茶区,成都所担当的责任同样也很重大。茶叶传播路径一是沿着茶马古道西行,一是沿着长江,传入下游地区,这样一来就开启了中国饮茶潮流。然而,隋唐茶叶的重心,已由巴蜀东移到了长江下游地区。"扬子江中水,蒙顶山上茶",既是对川茶的赞誉,也说明了成都茶在茶客眼里有着重要的地位。

川茶当中除了蒙顶山茶十分著名外,还有一款名茶叫青城茶。此茶产于成都府的蜀州和彭州境内的青城山区。陆羽《茶经》说:"青城县有散茶、贡茶。"因之,青城茶的品种众多,毛文锡《茶谱》载:"青城,其横芽、雀舌、乌嘴、麦颗,盖取其嫩芽所造。"可见成都茶的出色之处颇多。

唐代成都就产生了今天所习见的茶具"盖碗茶",包括茶盖、茶碗、茶船三部分。茶船,又称茶舟。唐李匡义《资暇集》卷下《茶托子》条言:"建中蜀相崔宁之女以茶杯无衬,病其熨指,取碟子承之,抚啜而杯倾,乃以蜡环碟子之央,其杯遂定。即命匠以漆环代蜡,进于蜀相。蜀相奇之,为制名而话于宾亲。人人为便,用于世。是后传者更环其底,愈新其制,以至百状焉。"成都老报人车辐先生曾总结盖碗茶的三点好处:"一、碗口敞大成漏斗形,敞大便于掺入开水,底小便于凝聚茶叶;二、茶盖可以滤动浮泛的茶叶、盖上它可以保温;三是茶船子承受茶盖与茶碗,如载水行舟,也可平稳地托举,从茶桌上端起进嘴,茶船还在于避免烫手。"

白居易《萧员外寄新蜀茶》:"蜀茶寄到但惊新,渭水煎来始觉珍。满瓯似乳堪持玩,况是春深酒渴人。"这是唐代饮蜀茶的风貌。明代的杨慎曾有词《鹧鸪天·以茉莉沙坪茶送少岷》:"灌口沙坪摘小春,素馨茉莉荐香尘。要知贮月金波味,只有餐露玉洞人。云叶嫩,乳花新,冰瓯雪瓮却杯巡。清风两腋诗千首,舌有悬河笔有神。"

这灌县(都江堰)的沙坪茶让杨慎惊叹不已。当然,这只是成都茶文化的一种,当我们穿越历史时空,再看到这些风景时,是不是生出格外珍惜的情感呢?

至于今天成都的茶馆文化兴盛,是茶文化的延续。每当有闲暇时,成都人就会约起:"走,一起泡茶馆去。"

蜀笺的时代

纸页的出现是在汉代,成都的造纸从隋代开始兴起,并在唐代达到一定的高度。当时成都所产"大小黄白麻纸"是向朝廷进贡的特供纸。正是源于造纸术的发达,才催生了文艺的笺纸文化。著名花间派词人、前蜀宰相韦庄写过一首《乞彩笺歌》:人间无处买烟霞,须知得自神仙手。也知价重连城璧,一纸万金犹不惜。

二十世纪五十年代的蜀笺

这里的彩笺即蜀笺,也被称为"浣花笺"(李商隐诗"西来万里浣花笺,舒卷云霞照首鲜")、"谢公笺"和"薛涛笺"。《四川风物志》记载,唐代成都,已拥有居民十万户,富庶繁华,百伎千工。在浣花溪畔的居民以造纸为业,直至北宋仍然如此。北宋苏轼说:"成都浣花溪水深滑胜常,以沤麻楮作笺纸,洁白可爱,数十里外,便不堪造,信水之力也。"蜀笺的制作据说与诗人薛涛相关。

何为薛涛笺?即是一种用芙蓉树皮制作的彩色笺纸,也是属于造纸术中的皮纸一脉。以此观察,唐时成都的芙蓉已是很多,只是尚未经过系统打造成"芙蓉城"的规模而已。

明清时记载薛涛笺最详。何宇度《益部谈资》:"蜀笺古已有名,至唐而后盛,至薛涛而后精。"又,"薛涛井旧名玉女津,在锦江南岸,水极清冽,久属蜀藩,为制笺处,有堂室数楹,令卒守之。每年定期命匠制纸,用以为入贡表疏,市无贸者。"曹学佺《蜀中方物记》:"予庚戌秋过此,询诸纸房吏云:每岁以三月三日汲此井水,造笺二十四幅,入贡十六幅,余者存留。"包汝楫《南中纪闻》载:"每年三月三日,井水浮溢,郡人携佳纸向水面拂过,辄做娇红,鲜灼可爱。但止得十二纸,过岁闰则十三纸,此后遂绝无颜色矣。"

然查成都造纸业和薛涛笺,其生产空间集中在浣花溪一带,而玉女津不过是后来的造笺增加者。因之,晚唐诗人郑谷才有诗:"蒙顶茶畦千点露,浣花笺纸一溪春。"

蜀笺的制作工艺,彭芸荪《望江楼志》云:"蜀纸之特色为重厚,上品选料必用纯麻。"费著《蜀笺谱》:"以木肤、麻头、散布、鱼网为纸,自东汉蔡伦始;今天下皆以木肤为纸,而树种乃尽用蔡伦法。笺纸有玉版,有贡余,有经屑,有表光。玉版、贡余杂以旧布、破履、乱麻为之,唯经屑、表光非乱麻不用。"又,"吾蜀西南,重厚不浮。故物生于蜀者,视他方为重厚;凡纸亦然,此地之宜也"。重厚则坚实细密,唐人贵用麻纸,正属此类。

蜀笺有十色之名,薛涛笺更是其中的佼佼者。李石《续博物志》:"元和中,薛涛造十色笺,以寄元稹,积于松花纸上寄诗赠涛。"彭芸荪则认为谢公笺与薛涛笺混为一谈,是对薛涛笺的误读。

诗人对蜀笺多有赞美,如中唐著名诗人鲍溶在《寄王璠侍御求蜀笺》中说:"蜀川笺纸彩云初,闻说王家最有馀。野客思将池上学,石楠红叶不堪书。"韦庄后来还有一首诗写道:"浣花溪上如花客,绿暗红藏人不识。留得溪头瑟瑟波,泼成纸上猩猩色。手把金刀擘彩云,有时剪破秋天碧。不使红霓段段飞,一时驱上丹霞壁。"

此外,皮纸制造技术后来传播到长江下游地区,发展成为五代南唐著名的澄心堂纸。宋苏易简《文房四谱》:"南唐有澄心堂纸,细薄光润,为一时之甲。"由此繁衍出的纸文化是成都对文化界的贡献。

蜀笺生产的概况,南宋诗人陆游在《谒汉昭烈惠陵及诸葛公祠宇》中说:"陵边四五家,茆竹居接栋。手皲纸上箔,酷熟酒鸣瓮。"他还亲自标注"居民皆以造纸为业"。

《成都通览》亦提到蜀笺:"现考之成都各笺,并不佳妙。自劝工局沈总办改良笺样后,民间相继起者,在在皆有,小酉山房、图书局、云霞纸社、进化纸店均争新竞异,而成都人偏好尚一种之洋纸印成者,蜀纸所造之价反日趋日下。"可见此时的蜀笺大不如从前。

嘉兴范笑我曾在博客上记了这样一件事:韩建伟在听讼楼说:"网上购得成都诗婢家印制的《郑笺诗谱》一函两本,木盒装。用纸和印刷都不到位,折后一千二百八。"顾炎文说:"不值这个价。"这里说的《郑笺诗谱》也是蜀笺的一种,只是大不如前了。

在民国时期,"四川只手打倒孔家店的老英雄"吴虞曾与朋友游望江楼,并写诗两首,其一是:问柳寻花事久疏,幽栖拟钓锦江鱼。杜陵老作诸侯客,愁对枇杷忆校书。其二为:桐叶萧萧古井秋,名笺犹自见风流。陆沉多少神州感,莫认兰亭是盛游。可见时人对薛涛笺颇为忆念的。

诗婢家第二代传人郑伯英曾回忆:"一九四〇年前后,我先后设法征集于时贤书画一百幅,经过自己设计、描绘、装版、制图,印制成了'成都诗婢家诗笺',木刻套色,线条清晰,称得上是精工缕刻,的确花费了很大精力。出版以后,受到当时文艺爱好者的使用和收藏。诗笺每部上下两册,各一百页,都是当时名书画家的作品。如张大千、徐悲鸿、黄君璧、马万里、董寿平、关山月、郑曼陀、张聿光、丰子恺、伍瘦梅、芮敬予、江梵众、施孝长、万从木、袁樵云、姚石倩、赵完璧、张采芹等,都有作品刻出。"

《四川风物志》载,"郑诗笺谱"编选当时名家作品制作的木刻水印彩笺,精雅质朴,深得古意。并有文学家、书法家赵熙、沈尹默、谢无量等题字、题记和撰写序言。笺谱于一九四三年初版,所制为五百部,后于民国三十四年(一九四五年)再版五百部。诗婢家在一九四九年后结束,所有工具及这些木刻版本,全部移交给水印社(又被称为木刻水印厂)。

在古正平先生的博客上,我曾见到两位成都市市长请教授吃饭的诗笺。李铁夫是民国成都市第十二任市长,余兴公是民国成都市第九任市长,邀请之人为:徐仁甫、李国瑜、郑异材三位教授。破立斋是李铁夫的斋号,所以地点应该是他家里。用的是蜀笺社的木板水印诗画笺,极雅。

应该说,蜀笺在这一时期为文人雅士所喜爱,在日常生活中也经常使用,只是留存至今的少之又有。我曾从在水印社担任厂长的邱崇光老师手上看到过早期的诗笺,诗笺上不仅有图还有作者的署名,保持原样印出来,很美观。等到一九四九年之后,再根据这笺谱制作的诗笺,只保留了图案,余者都取消了。

车辐先生的《车辐叙旧》也曾记录下笺谱的段落。他做记者时,也画漫画,在三四十年代跟成都文化界、艺术圈都有来往,想来也肯定是留下了不少记录。在《天才木刻工人胥叔平》里对成都的艺术也多对此有记录,这说明在抗战时,成都人还在文艺地生活。

胥叔平,盐亭人,家在县城内经营普通商业。一九一三年来到成都,做刻字学徒。他先是在其么叔在线香街开的一家"德一社"刻字社做事,一做就是三年。后进入聚昌印刷公司,做三年工人,此时的胥叔平能在木钉子上不先写字直接在底子刻老五号、新五号字。随后,他在成都各报馆教刻字课,常是以第一流熟练工人姿态出现。抗战初期,他与"四川漫画社"有了来往。

车辐说:"他(胥叔平)是成都报纸上刻木刻漫画的开山祖师,那时候成都的制版条件不够,画家们作的面积较小的漫画请他刻,他运作铁笔就成了烂锌铜版的代替品,并且可以在木板上面加刻锌铜版的网模,与烂锌铜版上的网模无异。"

抗战胜利后,胥叔平在布后街一号开了个白鸥室刻字铺。他刻过张漾兮、谢趣生、高龙生、汪子美等人的作品。他自己又造了套色版云笺六十多种,三色版以上的套色,不亚于鲁迅先生编的《北平笺谱》,以及成都名裱褙铺诗婢家主人郑伯英制的版谱二集。

值得一说的是,一九四五年二月群益出版社出版了《阿Q正传插画》连环画,印数两千册,三十二开,六十面,扉页上以红字申明"群艺社印行,新艺社藏版",装帧为黄苗子。正文(插画)前有茅盾、吴祖光作的序,书末有黄苗子的跋,可谓群贤毕至。为丁聪的插画执刀的就是胥叔平。

书话家高信先生在《丁聪漫画鲁迅〈阿Q正传〉》里说,《阿Q正传插图》采用了左图右文的版式,颇有古人"左图右史"的余绪。文字是节自鲁迅原著,比重新编写更能体现鲁迅的文字风格。图呢?由于当时大后方物质条件的限制,不能制锌版,只好由木刻名匠胥叔平先生用最原始的直线刻刀按图样刻制。这也真难为了胥叔平先生,在他的直线刻刀下,竟然那样不爽毫厘地再现了丁聪流利的笔触,全然找不到鲁迅批评过的中国古代木刻绣像中的"甚至几乎全用直线凑合,连动物的眼睛也都是长方形的"的弊病。

篆刻史名家向黄先生曾说:"民国成都的许多笺谱的木版多与胥叔平有关。"此言不虚,胥叔平虽"收了七八位弟子",但能够传承他技艺的几无。这不免让人感叹,作为蜀笺的重地,如今连制作蜀笺的技艺传承也成绝响。

扬一益二的来源

世界著名汉学家和语言学家爱德华·谢弗在《唐代的外来文明》里说:"扬州不仅是一座遍布庭园台榭的花园城,而且是一座地地道道的东方威尼斯城,这里水道纵横、帆樯林立,船只的数量大大超过了车马。扬州还是一座月色溶溶、灯火阑珊的城市,一座歌舞升平、妓女云集的城市。虽然殷实繁华的四川成都素来以优雅和轻浮著称,但是在当时流行的'扬一益二'这句格言中,还是将成都的地位放在了扬州之下。"

唐代的成都,作为州、府的治所,管辖着成都、蜀、郭、新都、温江、新繁、双流、广都、犀浦、灵池等十县。作为剑南道的首府,所辖地区更广,达三十三州。分为西川节度以后,仍然领有一府二十五州之地,不仅包括现在川西、川南一带,而且远达云南的一些地区。因此,历史上的成都概念大小划分是需注意的。而考察"扬一益二"的起源,或不难发现成都经济、文化的发展脉络是源于安史之乱以后,北方经济地位下降,长江流域地位上升。扬州、成都成为全国最繁华的工商业城市,经济地位超过了长安、洛阳。

不过,关于当时的"扬一益二"俗谚,大中九年(公元八五五年)卢求在《成都记序》中则提供了不同意见:"大凡今之推名镇,为天下第一者,曰扬益。以扬为首,盖声势也。人物繁盛,悉皆土著;江山之秀,罗锦之丽;管弦歌舞之多,伎巧百工之富,其人勇且让,其地腴以善熟:较其妙要,扬不足以侔其半。"但不管怎样来看待,成都经济的发展在当时实在是举足轻重的。

成都的发达除了农业发展稳定之外,就体现在经济发展方面了。除了传统且最著名的织锦、烧瓷、造纸之外,有多种门类的手工业,如金银器物制造业、制盐业、印刷业、兵器制造业、漆器制造业、酿酒业、制茶业、造船业、乐器(琴)制造业、钱币铸造业以及其他珍异玩物制造等等,都很有代表性。

先来看看织锦业。隋时成都绫锦之妙,仅接近京城,而至迟到唐大中年间(八四七年—八六〇年),成都"罗锦之丽",则跃居全国之首。太宗时皇室诸王妃主服饰主要由京师及益州诸处供给。贞观十五年(六四一年)"于益州造绫锦金银等物"。玄宗时,令益州每年织锦袍送纳,"以供赐诸藩守领"。文宗时,"敕度支每岁于西川织造绫罗锦八千一百六十七匹"。有唐一代,皇室每朝都向成都索取绫罗锦等高级丝织物及其成品,可见唐代成都锦坊一直很兴盛。

有一份数据显示,大中年间成都约有人口三百三十九万九千六百一十六人。前述丝织工匠、工人数在十二万左右,即唐后期成都官、私丝织作坊工匠、工人数约占当时当地人口总数的百分之三点五。这一个就业比例显示出了成都织锦业的规模庞大。

成都的织锦技术在国内也是遥遥领先的,丝织品的花色品种非常新颖,如瑞锦,是以雉、羊、翔凤、游麟等动物为主题纹饰,并且讲究对称均齐。又如新样锦,其图案内容主要有彩蝶、雁、莺、凤、花草、葵等,表现形式以生动的折枝、缠枝花鸟式为主。蜀罗是一种以"新样"为图案的花罗,其主要特点是对罗的纹饰创新。张祜有诗:"新样花纹配蜀罗,同心双带蹙金蛾。惯将喉舌传军好,马迹铃声遍两河。"可见蜀罗当时的受欢迎程度。不过,与蜀罗重在纹饰创新不同,单丝罗则主要是工艺创新。此外,还有蜀缬,那是用染缬工艺制成的蜀地染花丝织品的统称,即包含蜀缬绢、蜀缬纱等,主要产于成都。此时的成都丝织品种类繁多,尤其特色丝织品工艺精绝、价值连城。"一匹千金也不卖"的蜀锦更是大受欢迎。因此连帝都的皇室都喜欢它。

再来看看成都的陶瓷经济。唐代成都陶瓷经济圈,包括了成都及成都周边地区的郊县,由陶瓷手工业为主的共同体,拥有众多的古窑场,如邛崃境内的邛窑,成都的青羊窑、琉璃窑,郫县的横山子窑群,金堂的金锁桥窑,双流的牧马山窑,灌县六马槽窑、玉堂窑,乐山金凤窑、关庙窑,新津的白云寺窑等。其生产范围几乎涵盖了成都现在的所有区县,以及周边地区。

唐代瓷艺南青北白,成都的陶瓷业则以青瓷为主。杜甫有诗《又于韦处乞大邑瓷碗》:大邑烧瓷轻且坚,扣如哀玉锦城传。君家白碗胜霜雪,急送茅斋也可怜。这里说的白碗是大邑生产的白瓷,此时的大邑窑和河北邢台窑为盛产白瓷的名窑,大邑的白瓷,胎薄而且烧结得很好。成都这样大规模的陶瓷生产,是源于市场的需求。成都繁荣的贸易经济和发达便捷的水上交通,将陶瓷产品通过南河与府河等水系引入长江,远销全国,它们对陶瓷经济圈和"益二"的经济繁荣地位的形成起到重要作用。

造纸业在唐时也占据了重要地位。成都所生产的纸张的品种,据李肇《唐国史补》卷下记,有麻面、屑末、滑石、金花、长麻、鱼子、十色笺等。薛涛制作的深红色的小彩笺,"裁书供吟,献酬贤杰",最为文人雅士所贵重,且是中央政府的特供纸张。由于造纸业的发达,成都也就顺理成章地成为中国雕版印刷术的发源地之一,唐代后期,大部分印刷品出自成都。

成都的城市功能分区已很完善,一百二十坊分布在城区的各个区域,如薛涛曾居住过的碧鸡坊、以卖酒闻名的富春坊、城南的文翁坊……它们记录了成都城市商业文化经济不同的一面。费著的《岁华纪丽谱》里,有成都十二月市的记载,这十二个市都是逐渐发展形成的季节性市场。同时,成都也出现了全国最早的夜市。

历史学家谭继和说,唐代是成都城市经济向东向南发展的转折点,唐代之前成都经济、文化的中心在城西的少城一带。自大慈寺南兴起东市、大东市之后,东边商贸的重要性才凸显出来。这也证明了成都经济发展的变迁是有轨迹可依循的。

有唐一代，曾出现过天子四次避乱出奔。其中玄宗和僖宗逃到成都，德宗停止在去成都的中途梁州（陕西汉中），只有代宗奔陕（河南陕县）。唐天子之所以三次奔蜀，其原因不外是军事安全、经济保障等原因，这恰好说明了"扬一益二"的俗谚，并非是徒有虚名的。

　　唐宋年间的成都繁华，犹如昙花一现，在遭遇到了多年的战乱之后，建筑、寺观、街巷都有极大的改变。至清代中期才逐渐得以恢复。那些旧迹古碑、陈年往事，记录了曾经的丧乱离。尽管如此，成都还是保存下来了城市的命脉，只要给一个机会，它就会重新焕发出新的光彩。

　　虽然从此成都再也回不到"扬一益二"的时代，那又有什么关系呢？只要是以一个崭新的形象亮相就足够了。

翰林图画院与成都画派

　　诗人与成都有着密切的关系，在唐宋时期，许多诗人都有游历成都的经历。这是因为位于川西平原的成都，长期以来就是四川文化、经济的中心。公元前三一六年，秦并巴蜀，随后"秦民万家入蜀"，中原文化大量传播到成都平原。加之成都土地肥沃，也就造就了"天府之国"。至汉代，成都已是全国五大城市之一。这一时期出现了蜀文化融汇于中原文化后的第一个高潮，美术方面表现突出的是与当时丧葬习俗有关的雕塑、雕刻活动。《成都美术志》记录，这些美术作品包括画像砖、画像石、石棺画像和陶俑、墓阙、碑刻等等。这些早期的作品让我们在千百年后依然可以见到成都生活的旧场景。

　　成都艺术生活由此发端，至唐朝时达到一个全新的高度。晚唐至五代时，成都是全国绘画的中心。唐玄宗和唐僖宗先后入蜀，带来了许多宫廷画师，使成都绘画之风大盛。许多知名画家都曾在成都大慈寺、圣寿寺、净众寺、昭觉寺等寺院留下丹青。仅成都大慈寺就聚集了当时全国知名画家六七十人，如吴道子、孙位、张南本、李升、卢楞伽、赵公佑、常重胤、李洪度、左泉、范琼等，绘壁画一千余堵，这些绘画作品"皆一时绝艺，格入神妙"。

　　宋人李之纯撰《大圣慈寺画记》说："举天下之言唐画，莫如成都之多。就成都较之，莫如大圣慈寺之盛。"一〇五六年，苏东坡和弟弟苏辙游大慈寺，对唐代佛画大师卢楞伽的作品倍加赞赏,称大慈寺壁画"精妙冠绝"。值得一说的是,在唐代成都,还出现了独立于宗教、丧葬动机的绘画作品,如花鸟画、山水画,以及唐僖宗及随驾文武臣僚的写真像等人物写真画。

在五代十国,中原长期战乱,四川相对安定,经济文化得以发展,而艺术也是空前的活跃。后蜀后主孟昶十分喜爱文艺,重绘事,所以就特别办了个翰林图画院,这也被称为"西蜀画院"。它属于宫廷画院,到两宋时期得以延续并发展达到顶峰。考察中国的画院史,就不难发现,以此为界,五代之前的汉唐时期宫廷内也有专门管理绘画的机构,但均不是成熟的画院,这个时期被叫做"前画院时期";两宋之后,元代开始废止画院的设立,原画院中的画家被安排到集贤院、奎章阁学士院等其他的政府机构之中,一直到清代画院逐渐衰落。

这一时期的成都绘画更加兴盛,和江南的南唐相对成为全国两个绘画繁荣地之一。"蜀地辟远,而画手独多于四方。"这皆因为作为画家能享受至高的荣誉,在社会上地位高,收入也不错,所以才会有人不断地加入画家的行列当中来。

翰林图画院任用黄荃掌管画院事务。黄荃在中国绘画史上占有举足轻重的地位,是中国历史上第一位真正意义上的皇家画院画师。黄荃,字要叔,五代时蜀国成都府人,自幼便颖悟过人,其工笔重彩花鸟画在西蜀盛行一时,与江南徐熙以"黄家富贵,徐熙野逸"并称"徐黄异体"。

成都的文艺历史早在五代前蜀时期就开始了,王建占据四川,重用文人雅士,一时间竟成"文人皆入蜀"的局面,成都府当时成了可以同洛阳、长安比肩的大都市。中土名画家刁光胤、孙位、滕昌祐、张南本等人相继避乱入蜀。黄荃便拜诸位名师以取众家之长,经年累月地学习,才有青出于蓝而胜于蓝的成果。

后蜀先主孟知祥即位后,授黄荃为翰林待诏,后蜀后主孟昶时,其升为检校少府监并主画院事,先后达四十年之久。

在后蜀时代,立国江南的杨氏吴国与后蜀遣使结好,除了百车金银玉器外,就是蜀国从来没有过的珍禽——丹顶鹤。孟昶对鹤非常钟爱,稍有闲暇就来观赏,后不仅叹道:"鹤虽雅,终不免有一死,若能与寡人同寿,时时观之不亦快哉?"当时供职"翰林图画院"的黄荃自告奋勇道:"臣能为之。"孟昶大悦,命他随

五代成都画家黄筌《写生珍禽图》

即于偏殿作画。黄筌欣然举笔,以他超人的观察力和艺术概括能力,把仙鹤丰富多彩的形态栩栩如生地表现了出来。他一共画了六只鹤,分别以唳天、警露、啄苔、舞风、梳翎、顾步这六种姿态展现,再衬以白露苍苔、蓝天白云。由于画上的仙鹤形神兼备,惟妙惟肖,常常使得那些真鹤将画中的鹤当成同伴,都跑去立在画的旁边,往往引得君臣相顾大笑。孟昶干脆就将该殿命名为"六鹤殿"。

宋初,黄筌随蜀主至宋京城汴梁,授太子左善大夫。他所画禽鸟造型精准,骨肉兼备,形象丰满,赋色浓丽,富丽堂皇,其工笔画法以极细的线条勾勒,配以柔丽的赋色,线色相溶,几乎不见勾勒墨迹,情态生动逼真。

北宋时代,又因黄筌儿子居宝、居寀、弟惟亮等的推波助澜,"黄家风范"就成为北宋初翰林图画院优劣取舍的标准。不过,黄筌的作品大都毁于战火,传世的只有《写生珍禽图》一件,现藏故宫博物院,此图描绘飞禽昆虫龟介等二十余种,刻画精细逼真,栩栩如生。

自黄筌以后,成都的艺术氛围始终浓厚,相继涌现了一代又一代画家。在绘画界有"天下山水在蜀"之说,山水画家多有到四川采风、写生之举,而这少不了与当地的画家切磋技艺、交流绘事,这都无形中让成都画界走在了全国的前列。成都画派也就由此发端,成为了独特的地域画派。

自宋朝末年到清朝中期,考察成都的书画家并不太多,这是因战乱导致人口的大量流失。这是成都文化最凋敝的时候,虽然在明代有杨慎,但他与成都除了地缘上的关系,找不到更多的基因。

随后,由于江浙等地官员流寓成都,并给这座城市带来新的活力,成都文化进入恢复期。至民国,诗词歌赋、文化艺术再度走向了繁荣,同时涌现出了大量的文化人,如张大千、谢无量、罗一士、江梵众等人就是本土文化的佼佼者。成都书画艺术达到一个新的高度,尤其是随着抗战的来临,各地艺术家的交流频繁,促进了成都艺术的进步。

此时的成都艺术团体也相继涌现。一九三七年,成都的美术团体只有蓉社和蜀艺社,而蜀艺社是蓉社的延续,成立于一九三五年,社长叶绍尧,副社长罗一士。蜀艺社的成员有五十多人,也有不少是军政要员,后来喜欢书画,参与到其中的。主要成员有江梵众、罗一士、芮敬予、罗文谟、冯灌父、叶绍尧、林君默、高少安、关麟徵、韦辛一、余中英、韩鹤卿等。后来,张大千也加入了蜀艺社。随着抗战的深入开展,各种类型的文化人进入成都。四川省美术家协会成立,这个协会团结了成都的不少艺术家,举办画展、文化沙龙,让艺术家在成都感受到离乱中的温暖。

不过,处在内陆的成都在对外交流中似乎欠缺先天的优势,因缺乏与国内外画家的互动,成都画派常常成为一个封闭的圈子。

但一旦接触到外来的绘画风气,他们也会积极地响应。比如抗战时,不少艺术家流落到成都,他们在成都办画展,与成都艺术家交流,使成都艺术家开阔了视野,也使一批成都艺术家走出成都。今天成都的画家虽然众多,但说得上知名全国的就少了许多。近年流行的张大千与陈子庄之所以被确认是成都画派的代表人物,更多的是从外界看成都的结果。

绘画虽是成都人生活的一个侧面,但从中我们可感受到成都人生活的安逸,这跟城市、乡村的经济能够很好地融合在一起,互取长短、共同发展是有着莫大的关系的。

游乐的良辰美景

成都人好游乐由来已久,至少在魏晋南北朝时就有了享乐的因子。享乐主义的始祖阿里斯蒂普斯认为,争取享乐和排除痛苦是生活的目的,也是人生价值的标准。以此旁观成都人的游乐,或许是最佳注脚。

唐时修建的合江亭是这一时期经常举行游乐的场所。何长发《成都合江亭》载:合江亭鸿盘如山,横架赤霄,广场在下,砺平云截。登亭俯之观之,清流激端,沙鸟上下,船楼相接;远望东山,翠林隐约,把林笼竹,列岵左右。置身其中,使人顿生诗情画意。为唐人又一宴饮、饯别、游览胜地,名士骚客题诗,往往在焉。五代时期,合江亭因被前后蜀王据为别苑为王室贵族所独享。北宋时期官府不治,合江亭园颓圮。蔡迨《合江园记》言:"园可娱官,官之人未必皆材。

又属公府尚简,重燕游阔,疏因弗以洽。楼欹亭陊,花竹剪刺,荒秽萧条,可念其恙者,独长江茂林耳。"

闲暇在西方文化里是"高等的正经",游乐则是都市生活的一面镜子,这其中也包含了娱乐生活。中国最早的娱乐社团出现在五代时的成都,似不是偶然的。宋人调露子《角力记》:"蜀都之风,少年轻薄者□□为社,募桥市勇壮者,敛钱备酒食,约至上元,会于学射山前,平原作场。于时新草如苗,□候人交,多至日晏方一对,相决而去。或赢者,社出物赏之,彩马拥之而去。观者如堵,巷无居人。从正月上元至五月方罢。"这个最早普及摔跤运动的社团,就是后来的"角力社"。

游乐之风在唐宋时的成都很流行。陆游《自合江亭涉江至赵园》诗注:"成都合江园盖故蜀别苑,梅花甚盛,自初开监官日报,府报至开五分则府主来宴,游人竞集观赏游乐。"白麟《合江探梅》诗:"艇子飘摇唤不回,半溪清影漾疏梅。有人隔岸频招手,和月和霜剪取来。"张焘《合江亭》诗:"却暑追随水上亭,东郊乘晓戴残星。余歌咽筦来幽浦,薄雾疏烟入画舲。兴发江湖驰象魏,情钟原隰咏飞鸰。故溪何日垂纶去,天末遥岑寸寸青。"这是重建之后的合江亭,不过,在南宋末年,合江亭再次被毁,这里成了一片废墟。

谭继和和冯小露在《九天开出一成都》一文中认为成都有三种游乐方式:

一是岁时游乐,几乎每季每月都有二至三次全城性的全民游乐活动。唐宋时成都的游乐:正月元日游安福寺、二日游大慈寺、七日(人日)游草堂、十五日上元放灯(道士叶法善引玄宗梦游成都灯市,喝酒于成都东郊富春坊)。唐代时成都放灯一夜,宋代时发展为三夜,在昭觉寺举行。到近代,灯会时间越来越长。正月二十三日游圣寿寺蚕市,二十八日游净众寺。二月二日踏青小游江,从万里桥开始。八日观街药市,十五日蚕市杂耍。三月三日游学射山,九日大慈寺蚕市,二十一日大东门游海云山鸿庆寺,二十七日大西门外圣人庙。四月十九日浣花大游江,从百花潭至九眼桥,有龙舟竞渡,仅大型龙舟即达百余艘之多,"最为出郊之盛"。五月五日大慈寺饮雄黄、买彩线、挂长命索、吃筒饭、粽子。六月初,头伏游江渎池。七月七日夜市,十八日盂兰会。八月十五日中秋。九月九日士女游车,全城游览至玉局观止。十月冬至游大慈寺,冬至后一日游全僧寺。腊月庆坛神、游川主庙,岁末献金花树、忘忧花。

二是"遨头"、"遨床"游,这是唐宋成都游乐的独有特点,为其他城市所无。

所谓"遨头"是指带头游遨的成都太守,"遨床"是旅游用的小板凳,老百姓带着凳子游乐。特别是浣花大游江和龙舟竞渡这两个节日以及正月和岁末,都要由太守带领老百姓同乐。这个习俗是成都独有的。

三是土俗土风游乐。除了其他城市共有的一些土俗土风旅游外,成都有三种土俗旅游最特殊:礼拜杜鹃鸟(杜鹃是蜀王杜宇啼血的象征,蜀人见杜鹃鸟即认为是望帝之魂而要跪拜祭礼)、拜川主(即拜大禹、李冰和二郎神)、拜马头娘(养蚕之祖,即螺祖)。

宋代尚游乐,更少不得观赏性娱乐,成都也不例外。庄季裕《鸡肋编》卷上记成都看戏的盛况:"成都自上元至四月十八日,游赏几无虚辰,使宅后圃名西园,春时纵人行乐……自旦至暮,唯杂戏一色。坐于阅武场,环庭皆府官宅看棚,棚外始作高凳,庶民男左女右,立于其上如山。"

元人戴良曾说:"元有天下已久,宋之遗俗日就湮没,而流风遗韵之存者寡矣。"具体到四川,"土著之姓,十亡七八,五方之俗,更为宾主。治者狃闻习见,以遗风旧俗为可鄙,前言往行为可陋"。成都游乐之风也就多已不存。

虽然清代的成都相对稳定,但习俗早非昔日旧模样,而更多的是与今天的习俗接轨。至于游乐之风,也非唐宋时的盛况,虽然也有观灯、花会、扫墓、踏青、庙会、划龙舟、重阳登高等风气,也还是开拓了新的游乐活动,比如正月十六的"游百病",当天,男女老幼都要在城墙上走动走动。据说这项习俗起源于唐代,只是在清代发扬光大罢了。

无疑,不管是战乱,还是和平时期,不管是经历过多少次移民,成都人还是保持着游乐之风,仅仅是这一点,就足以成为成都的标志。

游乐在今天依然是成都人日常生活中常有的事。而其内容与过去相比,更显得家常。三五好友相聚在一起,喝喝茶,聊聊天,

一九五八年望江楼锦江游艇　(图片来源:冯水木)

闲雅成都

今日的游乐，依然是成都人最幸福的生活

再一起吃下饭，就有了游乐的趣味。此外，成都还有这样那样的节日一百多个，如樱花节、羊肉节、非遗文化节等等，不一而足，这样密度的节日出现，说明成都人对游乐的兴趣不减。

作为娱乐方式的一种，游乐所带来的犹如吃苍蝇馆子般的快感，却同样在精神上能够达到相应的高度。但在游乐节目上或许更加现代。春天里，我的朋友"子夜的昙"感叹："成都人太好耍了。从我家出来十多分钟车程，便是白鹭湾湿地，很大很大的一片湿地公园，但人太多了，便去了旁边不知道叫什么的地方，有一条不知道尽头在哪里的自行车道，很多野餐的人，四轮车、滑翔伞竟然都是耍家自带的。离我家这么近，我白做了这么久的成都人呀！"

这只是成都人周末的一景，实则是在农家乐、公园、绿地等地方，成都人都可随意找到游乐的可能。这与其说是游乐的地方众多，倒不如说是成都人爱游乐成瘾，对大多数人来说，每一天的生活，都是良辰美景，岂容轻易浪费。

诗人曾说："爱生活，才能发现生活的乐趣。"成都人在游乐里找到的又是什么？单就娱乐而言，其花样似乎算不上特多，但通过娱乐联络的不只是人与人之间的情感，也还包括了对世界的共同认知：最好的时光，总是与游乐在一起。

流连灯会

谈到成都人的娱乐生活，不能不说到成都灯会。

成都灯会最早起源于唐睿宗景云二年（七一一年），其地点大概是在浣花溪附近，虽然只是正月十五的灯市，也是繁华一片，沿着锦江看过去，那是美妙的风景线吧。

东汉顺帝年间,张道陵创建道教,把正月十五定为"上元节",这天要燃灯祭祀"太乙神"。有人将"燃灯祭斗"仪式称为成都最早的灯会,实则是显得过于先进。

东汉至晋代,每逢春月花开时,蜀郡的统治者都要"纵民游乐,嬉戏西园"。同时灯红火耀,以粉饰太平。西园是成都游玩之所,历有变迁,其遗迹早已不可考。

《雍洛灵异小录》:"唐朝正月十五夜,许三夜夜行,其寺观街巷,灯明若昼,山棚高百余尺,神龙(中宗年号,公元七〇五年)以后,复加华饰,士女无不夜游,车马塞路,有足不蹑地,浮行数十步者。"成都的灯火场景与此相比,丝毫不差。

唐人的《放灯日记》中有唐明皇在天宝十五年(七五六年)安史之乱时逃到成都,与道家大法师叶清善上街观灯的记载。费著《岁华记丽谱》记述了唐咸通十年(八九六年)"上元节放灯"的具体情况:"街坊点灯张乐,昼夜喧阗,盖大中承平之余风。"而且,"放灯不独上元也",在整个正月间都有灯彩可供人们观赏。

"初唐四杰"之一的卢照邻有《十五夜观灯》云:"锦里开芳宴,兰缸艳早年。缛彩遥分地,繁光远缀天。接汉疑星落,依楼似月悬。别有千金笑,来映九枝前。"兰缸说的即是灯,而九枝是说古有九枝灯,那是怎样的灯,惜无详细的记录。但由此依然可见当时成都灯会的盛况。

五代时的前蜀皇帝王建常"出游浣花溪,自夜达旦",当时"间亦放灯,率无定日"。后蜀皇帝孟昶曾"上元观灯于露台"。可见前后蜀也还是流行灯会的,这让节日添加了许多游乐的风采。

元费著《岁华纪丽谱》载:"宋开宝二年,命明年上元放灯三夜,自是岁以为常,十四、十五、十六三日,皆早宴大慈寺,晚宴五门楼,甲夜观山棚变灯。其敛散之迟速,惟太守意也。如繁杂绮罗街道,灯火

一九六三年二月六日,灯会日景 (图片来源:冯水木)

一九六三年二月六日,灯会跃进马 （图片来源:冯水木）

之盛,以昭觉寺为最。又为钱灯会,会始于张公咏。盖灯夕二都监戎服分巡,以察奸盗。既罢,故作宴以劳焉。通判主之,就宣诏亭或汲虚亭。旧以十七日,今无定日,仍就府治,专以宴监司也。"

田况写有《成都遨乐诗二十一首》,其中的《上元灯夕》记录了宋时成都灯会的情状:"予赏观四方,无不乐嬉游。唯兹全蜀区,民物繁他州。春宵宝灯然,锦里香烟浮。连城悉奔鹜,千里穷边陬。衿裾合绣袂,轩辘驰香辀。人声震雷远,火树华星稠。鼓吹匝地喧,月光斜汉流。欢多无永漏,坐久凭高楼。民心感上恩,释呗歌神兽。齐音祝东北,帝寿长嵩邱。"灯火通明的夜晚,游走于各色灯火中,简直是天上人间,真是一派欢乐祥和的过节氛围。

当时灯市的盛况可以从一个数字看出一个大概:"成都元夕,每夜用油五千斤"(庄季裕《鸡肋编》卷上)。此时的灯市还具有明显的将观灯、文艺演出、商贸展销、体育竞技融为一体的综合性特色。

宋代的成都安静祥和的氛围,成就了一个都市的繁华。元明时期的成都留下的灯会记录较少,这跟连续的战争让城市显得荒芜有关。清代的李调元曾写《正月十四日至成都是夜观灯》:"试灯节届渐闻声,次第鳌山压锦城。十字楼头星共灿,万家门口月初明。管弦奏处莺吭滑,帘箔钩时翠黛横。老病连年游兴浅,衔杯谁与话衷情?"在正月十四这一晚,灯市还要进行预展,其中的灯彩堆成山形。最多的是鱼形灯。由预展可以看到灯市的繁盛。他还有一首《元宵》记灯市:"元宵争看采莲船,宝盖香车拾翠钿。风雨夜深人尽散,孤灯犹唤卖糖圆。"夜深人静了还有卖汤圆的,这也是成都灯市期间寻常的一景吧。

晚清至民国一段,则时有竹枝词加以记录,比如这首竹枝词:

府城隍庙卖灯市,科甲巷中灯若干。万烛照人笙管沸,当头明月有谁看。

灯市的盛景,是那年月成都游乐活动的重要组成部分。徐伯荣《灯市》说,成都的灯市上灯始于东、北门城隍庙。又有竹枝词写道:

城隍庙前灯市开,人物画纸巧扎来。高挂竹竿求主顾,玲珑机巧半心裁。

灯市上耍法众多,如狮灯、龙灯,随街游走,热闹非凡,且不少街口设有灯谜台,这样的场景,让人迷醉。恰如有首竹枝词所说:

六街莺燕带娇声,朵朵莲花数不清。到底看灯还看妄,偎红倚翠欠分明。

魏南生《旧时的商业中心和夜市》里记录了晚清至民国初年间的灯市风景:

东大街在清末举办的灯会,五彩缤纷,辉煌灿烂,不仅成都人倾城往观,大饱眼福,而且各地仕女赶来参观,啧啧称赞,那热闹盛况,有如后来劝业场开幕后,四乡农民涌去看"电灯燃"奇景一样。

自农历正月初八日起,成都各大街的牌坊灯,便竖立起来。初九日名曰"上九",便是正月观灯的第一宵。全城人并不等候什么人的通知,一到夜晚自发地把灯笼挂出,点得透明。其中以东大街各家铺面的灯笼最为精致,又多每家四只,玻璃彩画都有,而最多最好看的总是绢底彩画的,并且各家斗胜争奇。其画十分之八九皆为人物,多出自名家手笔,一年一换,取材于《三国演义》《西游记》《水浒传》《封神榜》《西厢记》《红楼梦》和《聊斋》等书。也有画戏景的,不但人物生动,色彩鲜明,且布局取意俱属佳妙。小幅绘画,人物眉目清晰,景致生动,可供雅俗之赏。

值得一记的是,有一年,城守东大街城守街门照壁旁边大放花炮,五光十色的铁末花朵,挟着火药,直冲二三丈高,后四向纷坠下来,中间那闪耀的透明的白光,大家说是做花炮的在火药里掺有什么洋油之类的玩意,真比往年的好看。

举行灯会之时,爱热闹的成都人当然不可放弃尝试种种美食小吃。这也是各种小吃摊贩集中的地方。赖汤圆、龙抄手、三大炮、王胖鸭均有摊摊。

每年出现在灯市上的各种灯"数量之多无法计算"。有竹枝词写道:"花灯大放闹喧天,狮子龙灯竹马全。看过锦城春不夜,爱人惟有采莲船。"

湖广会馆里的湖广填四川雕像

查成都使用电灯的历史，不难发现，它与灯会也有着许多关系。一九〇四年，四川机器局试行发电，安装电灯两千盏左右，此为成都有电灯之始。一九〇八年成都劝业道集资开办劝业场发灯部，设照明电灯数十盏首先供劝业场使用，成都供电设施由此发端。一九〇九年，启明电灯公司成立，十二月开始送电。照明电灯使用范围逐步扩大。电灯的出现，初开始使成都对灯会的兴趣减少。随后，制作彩灯也用上了电灯，新技术给灯会带来了新的生命力。

民国年间，战乱频仍，虽然有新生活运动，但灯会的影响力已是大不如从前。

有一组数据显示，在新的历史时期，灯会在成都依然广受欢迎。一九六二年二月在文化公园（含青羊宫）举办了新中国成都首届元宵灯会，在八卦亭、二仙庵等处展出"牧羊图""金驹万里""万象更新"等内容的壁灯、圆红灯及戏曲座灯等三百余件，观众达七十六万多人次。一九六三至一九六六年举办二至五届灯会，以反映农业、工业建设成就和文艺百花齐放的工艺彩灯为主，如"红旗""龙舟""全民皆兵"等。其制作工艺更加精美，构思更加新颖，规模日渐增大。一九六四年春，周恩来总理曾神采奕奕地步入成都灯会赏灯，还高兴地与工作人员照相。一九六七至一九七三年，因"文革"动乱，灯会一度中断。一九七七年第九届灯会规模大，内容丰富，气氛热烈，其中"打倒四人帮""万水千山"等十五个灯组形象生动，很吸引人。

从二〇〇四年春节开始，成都灯会从文化公园迁移到塔子山公园举办。二〇一六年，灯会再次迁移到三圣花乡。可以说，灯会所承载的是成都这座城市的人文记忆。

当我们回顾灯会的历史，就好像走进了春节时光，那流光溢彩的风景，是成都人游乐的延续，这也让我们看到了成都人不管世事如何沧桑，都是有着游乐因子在的。

四 文化篇

川味问世

有人用"全国山河一片红"来形容川菜的火爆状态。

然而,愚人先生在谈到川菜时说:现代一些研究川菜史的人谈到川菜,总是把它的历史追溯到久远的年代,认为川菜起源于秦汉之际。我想,得出这个结论的人大约多是想当然地认为,既然在四川这块地方生活的人,他们的饮食方式必定会继承古代生活在同样地区祖先的传统习俗,只要这里曾经生活过的人不是死绝,一代又一代繁衍下来直到今天,那么他们就是有传统继承的,只要传统可以清晰地追溯到一个比较"文明"的形式和内容,那就可以下结论了。

对川菜的此种"误读",不在少数。这也反映在对川酒的认知之上,《成都通史》认为,两晋南北朝时期,成都的酿酒技术有了很大的发展,饮酒风气盛行于上层社会。在唐代又出现了一个崭新的局面。且得出结论,成都地区普遍酿酒,酒的品种比两晋南北朝增加更多,产量更大。作者为此举出的例子是成都主要酒品种有春酒、郫筒酒、青城山乳酒。但仔细考察这些酒类(主要为米酒),与今天的酒有着本质的区别,实则是流行于四川的"六朵金花",几无百年的历史,那么,彼酒与此酒的差异存在,难道就可以说是传承了酒文化吗?

今天来探讨成都味道,需从清朝开始,"湖广填四川"的大移民不仅使成都人口快速恢复,经济、社会、文化基本上一次全面重建。在这个过程中,各省移民当然也会有争端,经过一个相当长的调和时期,求同存异,才有了成都的现在。傅崇矩在《成都通览》里说:"成都之地,古曰梁州,历代皆蛮夷杂处,故外省人呼四川人为川蛮子,也不知现在之成都人,皆非原有之成都人,明末张献忠入川,已屠戮殆

成都老店盘飧市见证了川味的历史
(拍摄:朱嘉婷)

139

尽。国初乱平,各省客民相率入川,插站地土,故现今之成都人,原籍皆外省也。外省人以湖广占其多数,陕西人次之,余皆从军入川,及游幕、游宦入川,置田宅而为土著者。"即证明了成都人的来源和融合的过程。

川味的形成与此大有关系。简言之,即不同地域的移民融合在一起,构成了一个全新的城市性格,饮食味道不仅是满足个人的口舌之欲,还是兼顾着大多数人的口味,即是所谓的家常菜。尽管川菜时常有新花样出现,但最流行的还是家常菜。旧时成都风俗"早饭宜少,午饭宜饱,晚饭宜好",跟成都的街头贩卖的市井小吃众多有关。

竹枝词里也时有川味的记述,如:锦官城东多水楼,蜀姬酒浓消客愁。醉来忘却家山道,劝君莫作锦城游。又或者是:卓女家临锦水滨,酒旗斜挂树头新。当垆不独烧春美,便汲寒浆也醉人。这都从不同的侧面书写了成都味道,这与今天也是多有相似之处。

在生活习惯上,成都人所表现的也是这样一种状态,喝早茶的习惯在某种程度上是对昨天的审视、确定今天的行动,类似于"早会",当不同的移民间发生争端时尤其有必要,成都早就有吃讲茶的习俗。《成都话方言词典》释"吃讲茶":解决民间争端的一种方式。即发生争执的双方到知名人士家中拜访,请其出面到茶馆喝茶,评判是非。如果双方都负有责任,则各付一半茶钱,如果一方输理,则由该方付全茶钱。这吃讲茶同样也适用于军政高层,诸如商议、谈判之类的事务上。

成都这样的习俗还有很多。傅崇矩《成都通览》记曰:"好换帖。子弟好赌博。好结交官场,终被官场欺制。绅士好学官派。乡间富户多以结会保家。绅士不固团体,好排挤。谋事不遂,好造谣坏人。好饮食,有饭食便口软。乡间绅粮好管公事。茶铺聚谈,好造风谣。青年子弟好戴眼镜冒充学生,及学洋派。好看戏,虽忍饥受寒亦不去,晒烈日中亦自甘。性情肉懦,最怕官长。阅报者不及百分之一。识字者不及十分之六。以出入衙门公局为荣。以与官场同财为恃力。青年子弟穿着好奢华。相貌最丑,偏好装饰。街上夜行,口中好唱戏。好聚谈。卜事好求神签。妇女最信僧道及女巫、卦婆。公馆妇女最信卖花婆。妇女好将小儿拜接僧道及乞丐。妇女好看戏,不怕被戏子看她。富者赏戏班之钱,十倍于作善之数。好游监视户。好在柿子园后面城垣上俯瞰园中监视户。苦力者性情傲妄。抬炭背米抬轿者,一日挣钱即日用完。每逢水心开日,必令小儿发蒙识字。每逢金满斗日,家家必做裹肚及搭裢。好扯地皮风。假意留客,客已离座,方假言:'吃饭再走。'"凡此种种,虽是晚清时期的民俗,可见流传已是许久的事了。多数在今天已是消失的风景,但也依稀可见旧时的风貌,亦有竹枝词可参照:"百花潭"对"百花庄",小小朱楼隐绿杨。听得门前花担过,隔帘呼买夜来香。

更多的生活细节,在李劼人先生的《死水微澜》中,借二奶奶的口讲道:

"她知道北门方面有个很大的庙宇,叫文殊院;吃饭的和尚日常是三四百人,煮饭的锅,大得可以煮一只牛,锅巴有两个铜钱厚。她知道有很多的大会馆,每个会馆里:单是戏台,就有六七处,都是金碧辉煌的;江南馆顶阔绰了,一年要唱五六百本整本大戏,一天总是两三个戏台地唱。她知道许多热闹大街的名字:东大街,总府街,湖广馆;湖广馆是顶好买菜的地方,凡是新出的菜蔬野味,这里全有;并且有一个卓家大酱园,是做过宰相的卓秉恬家开的,豆腐乳要算第一。她知道点心做得顶好的是淡香斋,桃圆粉香肥皂做得顶好的是桂林轩,卖肉包子的是都益处,过了中午就买不着了,卖水饺子的是亢饺子,此外还有便宜坊,三钱银子可以配一个消夜攒盒,一两二钱银子可以吃一只烧填鸭,就中顶著名的,是青石桥的温鸭子。她知道制台、将军、藩台、臬台,出来多大威风,全街没一点人声,只要听见导锣一响,铺子里铺子外,凡坐着的人,都该站起来,头上包有白帕子,戴有草帽子的,都该立刻揭下;成都华阳称为两首县,出来就不同了,拱竿四轿拱得有房檐高,八九个轿夫抬起飞跑,有句俗话说:'要吃饭,抬两县,要睡觉,抬司道。'她知道大户人家是多么讲究,房子是如何的高大,家具是如何的齐整,差不多家家都有一个花园。她更知道当太太的、奶奶的、少奶奶的、小姐的、姑娘的、姨太太的,是多么舒服安适,日常睡得晏晏的起来,梳头打扮,空闲哩,做做针线,打打牌,到各会馆女看台去看看戏,吃得好,穿得好,又有老婆子丫头等服侍;灶房里有伙房有厨子,打扫跑街的有跟班有打杂,自己从没有动手做过饭扫过地;一句话说完,大户人家,不但太太小姐们,不做这些粗事,就是上等丫头,又何尝摸过锅铲、提过扫把?那个的手,不是又白又嫩,长长的指甲,不是凤仙花染红的?"这样的风景也是成都的寻常小景。

川味的问世,是开启了近代成都人生活的源头,这也为成都人的未来做了注脚。恺撒说,习俗是万物的主宰。川味的问世和形成,也是随着时间的推移逐渐形成的,恰如时间的证明:在某种程度上,习俗征服了天性。

园林和人文景观

成都园林之先,当从隋时的摩诃池说起,至龙跃池、宣华苑达到鼎盛时期。

然则成都人文景观当推合江亭。此时韦皋镇蜀,凿解玉溪,又于郫江与流江汇合处建合江亭。此亭与郫江北岸的张仪楼、散花楼位于一线,后在其旁修建公共空间——合江园。宋人蔡迨《合江园记》:"合江园唐尹韦忠武(韦皋卒谥忠武)作,后因其亭为楼阁台榭,参植美竹异卉,荟翳参差,而春芳夏阴,波光月晖,以时献状无不可爱,故为成都园亭胜迹之最。"郫江改道之后,仍与流江在合江亭汇合,两江拱亭,风景依旧,晚唐时,也就顺理成章地成为成都人流连云集之处。

五代时,合江亭成为了王室贵族的专用之地,这个人文景观就渐渐远离民间社会。南宋时,成都知府吕大防《合江亭记》:"久茀不治,余始命葺之,以为船官治事之所。俯而观水,沧波修阔,渺然数里之远;东山翠麓,与烟林篁竹,列峙于其前;鸣濑抑扬,鸥鸟上下,商舟鱼艇,错落游衍,春朝秋夕,置酒其上,亦一府之佳观也。"南宋末年,这一风景因战火而消失了。

前后蜀时,成都均有建政,因之少不得有御苑,其旧址在城南、城西,陆游《梅花绝句十首》自注:"成都合江亭,盖故蜀别苑,梅最盛,自初开,监官日日报府。报至五分,则府主来游宴,游人亦竞集。"原来此时的园林是以赏梅为乐。

考察宋时的园林在成都尤其多。比如东园,益州路兵马司铃辖厅后园有池亭台榭,名花美木。此园为铃辖种湘所建的私家园林,李良臣《铃辖厅东园记》:

> 惟旧有池泉,窦堙塞,涸为枯泥,偶新泉破地而出,从而导之,则故泉继发……因筑堂其北,命之曰"双泉";挟以二轩曰"锦屏",以海棠名;曰"武陵",以桃溪名。梁池而南为亭,曰"寒香",以梅名;后为茅亭,曰"幽芳",以兰蕙名;池东为大亭,曰"三雨",以桃、杏、梨名。池南两亭,东西对峙,曰"绿净",曰"连碧";双泉之北有老柏数十株,巨干屹立,为亭其中,曰"翠阴"。复楼其东,曰"朝爽"。西因垣而山,曰"五峰",下曰"五峰洞"。前为山馆,水绕环之,宛如山间也。于是来游者舍辔而入门,则尘容俗状如风卷去。俯清泉,弄明月,睇层峦之峨峨,

悦鸣禽之嘲哳,风露浩然,烟云满衣,主宾相视,仰天大笑,初不知其身之在锦官城中也。

东园之景,可视为宋时成都园林的精华。

宋时尚有一园林名为西园。宋人章粢《西园》诗序:"成都转运司园亭,旧伪蜀时权臣故宅也。清旷幽静,随处皆有可乐者。"其诗曰:"古木郁参天,苍苔下封路。幽花无时歇,丑石终朝踞。水竹散清润,烟云变晨暮。何必忆山林,直有山林趣。"根据诗中所记,西园尚有玉溪堂、雪峰楼、海棠轩、月台、翠锦亭、潺玉亭、茅庵、水阁、小亭等景观,想来也是一处难得的私家园林了吧。西园旧址当为靠近解玉溪附近的地方。

至明时,既有蜀王府,当有别苑,其时名为中园(华西坝一带)。因五代梅树所留下来的不多,改种梨树。费密《荒书》:"中园者,蜀王外囿,有梨花千余本。孟蜀时老梅卧地,谓之梅龙。成都俗以三月三日于此走马饮酒为戏。"

明清时期的成都园林众多,游赏习俗是流风不衰。《成都通览》里则记述花园,且分公立、私立两种:"成都之花木,以内城为多。售花木之花园,城外则以二仙庵之花市、万佛寺之花园为便;城内则以玉皇观侧之数家、陕西街之农花仙馆为便。若公立之花园,只可游览宴会。私立之花园,并宴会游览,亦不常有,只可借用(农花仙馆已停售)。"其公立花园包括:方正街的丁公祠,不仅有亭台楼阁之胜,且花木葱茏,一年四季,官绅借此宴宾者甚多;位于贵州馆街的贵州馆内,池亭花木也美不胜收,特别是馆内那片梅林,当早春季节梅花盛开时,芬芳四溢,景色宜人,故来此游宴者也不少。此外还有东门外吟诗楼、南门外武侯祠、二仙庵草堂。私立花园的数量更多,布后街的孙家花园,花木扶疏,亭榭错落,池沼蜿蜒,一派富贵气象,当时城内不少绅商人家,常在此举办红白喜事、祝寿宴、春酒宴事。此外还有城内小福建营龚氏邃园、城南

杜甫草堂

三槐树王家花园、东门外双林盘钟家花园、南门外草堂寺侧冯家花园、南门外百花潭对面双孝祠花园。

成都游宴的场所大约有一二十个,各具风情。比如武侯祠、枕江楼,分别为出城南门东门外的名胜之地,官绅送行,多选择在此设宴饯别;西门外的草堂,有修竹万竿,梅花亦盛,不仅景色宜人,且地带开阔,无论是春日游宴,还是夏日纳凉,这里都是一理想的宴宾场所;小天竺,不仅有亭榭之胜,且有古榕之奇,是举办宴会的理想场所,一年四季都有诗人文士在此雅集;位于二仙庵的双孝祠,花木台榭别是一番风韵,这里毗邻青羊宫,每年花会时节是旺季,"官绅宴于此者,日以数百计"。当然,也有一些宴会环境并不令人恭维,如海会寺相国祠,因场所狭窄,在此宴客,常给人拘束之感;西门内的西来寺,因所处地势偏僻荒凉,除了一些佛事节日,平时鲜有人问津。

晚清时,成都依然有众多的私家名园。清末时,成都有四大名园:前卫街的"宫保府"、东珠市街的"李府"、方正街的"大夫第"、北忠烈祠街的"可园"。其中方正街的"大夫第"则记录不详,详细情况就无从知晓了。

宫保府即嘉庆年间爱国将领杨遇春的宅院,占地十六亩,共有大小厅室一百零八间,由正房、后院、花园、练武场和五个小院组成。花园里有银杏、荷塘、假山、荷花等,且种有紫薇花。这里直到一九三一年转卖才渐渐地失去了本色。

李府又被称为李家花园,是巴金祖父的家,也是著名小说《家》中高家生活的蓝本。在《家》中有这样的描写:"……右边是一带曲折的回廊,靠里是粉白的墙壁,上面嵌了一些大理石的画屏,再过去还有几扇窗户,那是外客厅的;外边是一带石栏杆。栏杆外有一座大的假山,还有一个长条的天井,平时种了些花草;又有一个花台,上面几株牡丹的枯枝勇敢地立在寒冷的空气中……前面是一个大坝子,种了许多株高大的松树。"李家花园之美可见一斑。后来,巴金的祖父过世后,就把房屋分给了几个孩子,巴金的父亲就分到了现在的战旗文工团所在地的一半(另一半为当时的英国领事馆所在地)。再后来,因家道衰落,巴金的父亲就将屋宅卖给了时任四川省保安总司令的刘兆藜,刘兆藜将宅院连同刚买的英国领事馆一起,改名为"藜园"。一九四九年,刘兆藜起义,藜园就成了战旗文工团的所在地。

在清末民初时,成都还有一座唐府与李府并称为"南唐北李"。"南唐"即文庙街的唐家花园,有一段时间这里被误以为学者唐振常的居住地。唐友耕的后人唐劳绮曾告诉我说,这是唐友耕的后人留下的园林,后来因家道中落,一部分卖给唐振常家,也就产生了这样的误会。"唐家花园"占去文庙后街大半空间,为四进大宅,大小房屋六十余间。最具特色的是它的后花园。唐振常描写道:"园中既有戏台、假山、水池,富中国园林之胜,复有西方园林的开阔的大草地。我们一房住在这个大花园里,住房宽舒之极,活动的天地极为广阔,有山可登,有洞可入,有水可涉,花木丛中、鸟语花香,自然感到快乐。"由此可知此前的唐家花园的风貌应该与此极为接近,只是后来稍加修葺而已。

可园是当时成都最大的私家园林,其占地一百余亩,其主人为吴敬诚。为了设计好花园,主人请来了苏州的园林设计师,因此可园历时四年才告竣工,建成后的园林颇有苏州园林紧凑、精致的特点。不仅如此,设计上还融入了川西园林的特色,在园中修有戏台,天天上演川戏,而且对外开放。在可园里有"四林"和"四园","四林"是梅林、柳林、银杏林、紫荆林。每一片林子都被设计成不同的形状,梅林呈椭圆形,银杏林呈弯月形,紫荆林为长条形,而柳林则是正方形。"四园"指橘园、李园、橙园、桃园,每座林园都以女墙相围,形成不同形状而又相对独立的区域。据《芙蓉旧梦》记载,可园是四川最早正式的川戏园子。

此外,在东玉龙街十八号还有一座寄芳园,其后人吴野回忆说,此园大约兴建在咸丰同治年间。吴氏家族本是江西南城县人,在当地修建了一个规模相当大的花园,取名寄芳园。后有一支游宦四川,为纪念故籍旧居就修建了这一处花园,亦取名寄芳园。其中"有杨柳楼台、长宜楼、第二海棠天、玲珑世界、停秋等厅堂、楼阁、水榭和曲折的回廊;有大小不等的三座假山,两处池塘;有高大的树木、茂密的竹林和后花园"。

同治十年(一八七一年),德国地理学家李希霍芬游历四川时描述对成都的印象:(成都)是中国最大的城市之一,也是最秀丽雅致的城市之一……街道宽畅,大多笔直,相互交叉成直角……所有茶铺、旅馆、商店、私人住宅的墙上画有图画,其中许多幅的艺术笔触令人联想起日本的水墨画和水彩画……这种艺术情趣在周围郊区随处可见,而每一个小城镇在这方面都好像是成都的再现。由红沙石建成的牌坊在乡间触目皆是,所有的旅游者无不为其精湛的艺术而感到惊异。"牌坊上布满了以神话或日常生活为题材的浮雕,大都具有一种幽默感,其中一些不愧是中国的艺术杰作。这种优美,在人民文雅的态度和高尚的举止上表现得尤为明显。成都府的居民在这方面远远超过了中国其他各地。"

闲雅成都

成都著名的私家园林易园　（拍摄：朱嘉婷）

那时的成都园林尚多,人文景观也很不少,如洗墨池在清代道光年间改建为墨池书院、精舍,恢复旧观;川西大儒刘沅在道光年间主持修复惠陵（刘备墓）和武侯祠,门题"汉昭烈庙",气象一新;浣花溪畔的杜甫草堂在元代毁于战火,明代重建,后又多次重修,杜甫草堂才逐渐成为成都最著名的风景名胜;青羊宫在宋代即为游览胜地,清代多次重修,逐渐形成近代的宫观风貌;望江楼在清代建了吟诗楼和浣笺亭,同时又建成了一系列池榭厅坊,成为两河的著名景点;大慈寺在明末之后焚毁,清代重建,占地四十多亩,但这已非唐宋旧观。这些公共园林,各有特色,其规模和风格虽有不少变化,但依稀可见成都园林的变迁。

如今这些人文景观除了洗墨池外,也还大都保存了下来,走近这些景观,也是亲近成都人文的最佳方式了。成都现代私家园林的代表易园近年来异军突起,以易经为经,以山石为特色,夹以庭院、树木,构建出一幅全新的园林图,这足以让人领略到川派园林的风采。

文化生长

厘清当代成都文化变迁,当从一九七〇年代末一九八〇年代初开始,史称"文化复兴"。成都在某种程度上,是走在全国前列的。这跟成都人的性情有关,文艺地生活是一大追求。所谓城市文化底蕴就是一种持续繁衍的生长力。只要适宜生长,总有一天会灿烂会结果。从成都历史来看,也是保持了这种潜动力。当张献忠屠蜀之后,成都文化陷入前所未有的困境,随着湖广填四川,以及社会的稳定,文化得以复兴,书院恢复性增长,为蜀学打下了坚实的基础,不特如此,这也从某种程度上塑造了当代成都的性格。

成都是一座庶民的城市,因之其文化多趋向于家常、简洁,却又有独特的成都味。首先是诗歌在民间得以持续生长,如野草诗社,根据当事人的回忆,"在一九六四年,诗社的雏形就有了"。早在一九六十年代初期,邓垦和陈墨便显露出他们的文学才华。一九六三年十一月,陈墨经人介绍认识"(成都)七中才子"邓垦。那时邓垦已有自编《雪梦诗选》《白雪恋》《海誓》等诗集。一九六四年,陈墨自编《残萤集》《灯花集》《落叶集》《乌夜啼》等诗集。一九六四年十月,陈墨编辑两人小诗合集《二十四桥明月夜》。后来结识"'野草'诸君"的蔡楚,据说在一九六四年也编了自己的诗集《洄水集》《徘徊集》等。一九七九年三月,成都第一份民间刊物《野草》创刊,并贴在成都繁华的盐市口和总府街,读者称"一枝报春的红梅在锦城出现"。

此外,还有掀起诗歌浪潮的非非主义诗歌运动,一九八六年五月其创立于四川西昌—成都,周伦佑主编的《非非》杂志和《非非评论》报,虽是油印刊物,却是一纸风行,最初的一批诗人至今成为中国诗歌的中坚力量。此后相继有若干诗社、诗刊雨后春笋般生长起来,形成持续几近半世纪的诗歌热潮。

大陆行为艺术初起于"八五"时期"厦门达达"的艺术活动。成都也是行为艺术的重镇,这里活跃着余极、尹晓峰、戴光郁等一批行为艺术家,他们做的艺术活动,带给人的不仅有视觉的震撼,也还有对艺术观念的普及。比如世纪之交成都行为艺术群体的活动,以戴光郁为主要组织者,成都集结了一大批行为艺术家,除了居住于此的余极、罗子丹、周斌、朱罡、刘成英、曾循、张华、尹晓峰等人,还有来自全国各地的艺术家温善林、宋冬、邱志杰、尹秀珍、苍鑫、张盛泉等等。成都不仅多次举办了"水的保卫者"大型行为艺术系列活动,而且前后有国内外艺术家上千件行为艺术作品在这里完成。

正是长期持续的行为艺术改变了成都市民的文化意识,同时也推动了西南当代艺术的发展,并从中产生了不少至今执着于行为艺术的优秀艺术家,如罗子丹、周斌、戴光郁、何云昌、朱发冬、李川、李勇等。成都也由此成为中国当代艺术的重镇,成为西南当代艺术的策源地之一。考察与之相关的行为艺术活动,产生了众多优秀之作,如戴光郁《久已搁置的水指标》、尹秀珍《洗冰》、张盛泉《放生》、罗子丹《一半白领,一半农民》、周斌《神六》、朱发冬的《出售》、何云昌的《出逃》、幸鑫的《托运》等等,这些作品以现实追询和精神拷问的方式,给人带来强烈、浓重而富有深度的感受性,其艺术倾向完全不同于世纪之交中国艺术界流行的玩世与调侃,无疑是中国当代"艺术交响乐"中的重音。二〇〇五年,在成都举行的一次行为艺术作品展中,我得以窥见成都行为艺术的全貌。虽然近年来过激的行为艺术有时也受大众的排斥,但其倡导的艺术理念,也还是应该有其应有的社会地位的。

再就是美术持续繁荣。抗战时期,不少文艺名家相继走进大后方成都,给原本封闭的四川书法绘画圈,带来了新风。这样的风气保留到了上个世纪五六十年代。随着一九八〇年代的改革风气兴起,艺术圈也被注入新的活力,美术社团、美术教育和美术展览活动随之发展迅速,也还经历了从天府画派到成都画派的演变。成都画院、四川省诗书画院、成都雕塑绘画院、四川省雕塑艺术院等艺术机构的成立,推动了成都艺术的发展。《成都美术志》说:"成都一直为四川书法艺术和篆刻艺术活动的中心,八十年代、九十年代曾出现空前的书法热潮,书法家中热衷于金石治印的人也较以前增多。"其作品"格调雅、性情灵、表现精、取法综合",四川的艺术形成青中老交替出现的场景,这种风潮成为成都美术领域最大的特色。同时,在一九八〇年代初,随着现代城市建设的热潮,公共空间、公共社区的室外雕塑创作十分活跃。从一九八三年至一九九八年,成都地区共塑造了一百四十多座城市雕塑。可以说是达到空前的高峰。

成都的安仁古镇是博物馆小镇,而在成都的大街小巷分布着一百四十二家博物馆、纪念馆,其中拥有七十八家非国有博物馆,这个数量在全国也是名列前茅的。在博物馆巡游,体验不同的成都文化也是一种生活方式。时尚潮流文化,在成都更是寻常事,这跟成都人的开放心态有关。

这样持续的文化生长力,让成都的慢生活在具有时代气息的同时,也保留着几分温润。

在进入新世纪以后,随着文化热潮的升温,文化活动就更为多元、丰富,针对不同的阶层和年龄段所开展的文化活动,一拨接着一拨。它们更注重本土文化与外地文化的互动交流,强调发展本土文化的风格特征,比如成都的艺术双年展、音乐会、读书沙龙、艺术展,几乎每天都有活动上演。文化机构在这一时期增长速度最快,如画廊、书店、美术馆、博物馆、社区书屋等相继增加,且它们以不同的方式吸引着各自的目标群体。

成都在拉近世界距离的同时,也展现了本土丰富的文化内涵。正因如此,才让人体验到不一样的成都。

参 考 书 目

[1] 梁凌,梁平汉.巴蜀商道.巴蜀书社,2010.
[2] 四川省水利厅,四川省水电政研会,都江堰管理局,等.蜀水文化概览.黄河水利出版社,2014.
[3] 四川省文史研究馆.成都城坊古迹考.成都时代出版社,2006.
[4] 毛曦.先秦巴蜀城市史研究.人民出版社,2008.
[5] 袁庭栋.话说四川.巴蜀书社,1985.
[6] 赵晓兰,袁说友.成都文类.中华书局,2011.
[7] 何鸿志.四川工艺美术史话.四川人民出版社,1986.
[8] 李劼人.李劼人说成都.四川文艺出版社,2001.
[9] 冯广宏,肖炬.成都诗览.华夏出版社,2008.
[10] 李景焉.历代浣花诗选.成都文物保护管理委员会办公室,1987.
[11] 常璩.华阳国志校补图注.上海古籍出版社,2007.
[12] 王定富.都江堰与水利.巴蜀书社,1994.
[13] 冯举,谭继和,冯广宏.成都府南两河史话.四川民族出版社,1998.
[14] 林孔翼.成都竹枝词.四川人民出版社,1986.
[15] 霍巍,王挺之.长江上游早期文明的探索.巴蜀书社,2002.
[16] 傅崇矩.成都通览.天地出版社,2014.
[17] 吴世先.成都城区街名通览.成都出版社,1992.
[18] 马俊之.随意:八十人生·岁月印记.成都出版社,2004.
[19] 吴虞.吴虞日记.四川人民出版社,1984.
[20] 吴野.梦回寄芳园.艺术与人文科学出版社,2006.
[21] 李劼人.死水微澜.四川文艺出版社,1987.

[22] 张颖川. 成都美术志. 四川美术出版社,2006.

[23] 文闻子. 四川风物志. 四川人民出版社,1985.

[24] 王文才. 成都城坊考. 巴蜀书社,1986.

[25] 成都市园林局,成都市园林学会. 芙蓉和银杏. 内部资料,1983.

[26] 熊志冲. 娱乐文化. 巴蜀书社,1990.

[27] 张学君,张莉红. 成都城市史. 成都出版社,1993.

[28] 田凯. 清代地方城市景观的重建与变迁:以17—19世纪成都为研究中心. 巴蜀书社,2011.

[29] 蒋蓝. 春熙路史记. 四川文艺出版社,2011.

[30] 钟茂煊. 刘师亮外传. 四川人民出版社,1984.

[31] 愚人. 川菜:全国山河一片红. 成都时代出版社,2006.

[32] 《成都通史》编纂委员会. 成都通史. 四川人民出版社,2011.

[33] 彭芸荪. 望江楼志. 四川人民出版社,1980.

[34] 爱德华·格莱泽. 城市的胜利. 刘润泉,译. 上海社会科学院出版社,2012.

[35] [加]简·雅各布斯. 美国大城市的死与生. 金衡山,译. 译林出版社,2006.

[36] [日]芦原义信. 街道的美学. 尹培桐,译. 百花文艺出版社,2006.

[37] 谢伟. 川园子. 天地出版社,2014.